예수님의 사랑과 평안 가운데
자라기를 기도하며

에게
_____

드림
_____

년 월 일

365일, 어린이를 위한 잠자리 말씀기도
Bedtime Devotions for Kids

날마다 말씀으로 자라요
GOOD NIGHT JESUS

창세기부터 요한계시록까지
매일 읽으며 기도해요

김현태　　이수희　　김은기

추천의 글

아이들을 위한 '날마다 말씀으로 자라요'를 읽으면서 책에게 이야기 했습니다. "너는 세상 그 무엇보다 사랑스럽구나! 너는 우리 집 보물 책이야"라고 말이죠.

잠자리에 들기 전에 이 책을 태아로부터 모든 어린이들에게 읽어준다면 하루를 돌아보며 하나님께 감사할 수 있는 아이로 자라고 평화와 행복이 가득한 상태에서 깊은 숙면을 취할 것입니다. 물론 다음 날 아침에는 믿음과 용기 있는 하루가 시작될 것이고요.

묵상과 기도로 나온 성경중심의 글들, 그 말씀의 영감에서 나온 수많은 그림들, 365일 동안 만나는 66권의 성경의 핵심가치와 진리들, 존귀한 독자 한 분 한 분을 설득하기 위해서 더 이상의 말들은 필요 없을 것 같아요. 그래서 저는 고린도후서 4장 7절 말씀을 인용해서 이 책의 추천을 갈음하고자 해요.

"우리는 이 보물을 질그릇에 간직하고 있습니다. 이 엄청난 능력은 '날마다 말씀으로 자라요'를 통해서 하나님으로부터 나올 것입니다. 이제는 누구나 '날마다 말씀으로 자라요'만 읽어 주면 됩니다. 이 능력은 우리에게서 나는 것이 아닙니다."

송 금 례
(30만 명의 예비 엄마를 만난 맑은 샘 태교 연구소 소장)

여는 글

"어린 아이들이 내게 오는 것을 금하지 말라 천국은 이런 사람의 것이니라"고 말씀하신 예수님은 누구보다도 어린 아이들을 사랑하십니다. 모든 어른들도 아이들이 소중하고, 어려서부터 신앙교육을 해야 한다는데 아무도 이의를 제기 하지 않습니다. 하지만 현실은 한국교회의 절반 이상이 아예 아동부가 없다는 것입니다. 그럼에도 불구하고 여전히 한국 교회는 어린 아이들을 위한 전도와 신앙 교육에 충분한 힘을 쏟고 있지 않습니다. 그 단적인 예가 바로 '잠자리 말씀 기도'입니다.

세계에서 가장 기독교가 부흥한 나라이고 선교역사 100년이 넘었지만 '잠자리 말씀 기도'에 관한 책은 별로 없고, 있어도 거의 전부 외국의 책을 번역한 것입니다. '잠자리 말씀 기도'를 제작하는 데 많은 시간과 비용이 들기 때문입니다. 그러나 어린 아이들을 위한 신앙교육에 있어서 빠질 수 없는 것이 '잠자리 말씀 기도'입니다. 제가 미국에서 공부할 때 기독교 서점에서 수많은 종류의 '잠자리 말씀 기도'를 본 적이 있습니다. 대부분의 경건한 가정에서 밤마다 아이들의 침대에서 부모가 '잠자리 말씀 기도'를 읽어주고 기도하며 잠을 재웁니다.

우리나라의 어린 아이들을 위해 우리나라 사람이 만든 '잠자리 말씀 기도'를 찾아보았지만 쉽지가 않았습니다. 그래서 직접 제작을 하기로 마음을 먹었습니다. 글은 물론이고 그림도 우리나라 어린 아이들의 정서에 맞는 책을 만들게 해 달라고 기도하며 제작한지 벌써 3년이 넘었습니다. 우리 주님의 은혜로 좋은 일러스트와 화가를 만나게 되어서 드디어 결실을 맺을 수 있게 되었습니다.

365일 동안 매일 창세기부터 요한계시록까지 전체 성경을 읽으면서 기도할 수 있도록 하였습니다. 부모가 설명과 함께 읽어줄 수 있으며, 어린 아이 스스로도 읽고 기도할 수 있도록 1인칭 화자로 저술을 하였습니다.

매일 밤, 이 책을 읽고 기도함으로 사무엘 같은 어린 아이가 되고, 온 가족이 서로 사랑하며, 주님과 사람들을 더욱 섬길 수 있기를 기도합니다.

2017. 12. 10. 김 현 태

1
January

너는 세상 그 무엇보다
귀하단다

1월 / 1일

나를 만드신 하나님

하늘과 땅을 만드신 하나님이 나도 만드셨어요.
내 눈도…
내 코도…
내 입도…
내 배꼽도…
하나님께서 따뜻한 손으로
저를 예쁘게 만들어 주셨어요.
저를 하나님처럼 멋있게 만들어 주셔서 감사해요. 하나님!
저에게 고운 마음도 주셔서 늘 즐겁고 감사하며
살게 해 주세요.

우리가 우리의 모습과 형상대로 사람을
만들어 그들이 바다의 물고기와 공중의
새와 가축과 온 땅과 땅위에 기는 모든 것을
다스리게 하자(창 1:26).

1월 / 2일

먹지 말아야 하는 음식

하나님은 아담에게 선악을 알게 하는
과일을 먹지 말라고 하셨지만 아담은
그만 먹고 말았어요. 저도 콜라, 아이스크림,
햄버거를 너무너무 좋아 하지만 많이 먹으면 몸이
너무 뚱뚱해 지고 아파진데요. 나쁜 음식은 먹지 말고
하나님 말씀에 순종하는 아이가 되고 싶어요.
하나님! 언제나 좋은 음식만 먹을 수 있도록
도와주세요. 그래서 몸도 마음도 건강하고 힘 있는
아이가 될 수 있도록 해 주세요.

너는 이 동산의 각종 나무의 열매를 마음대로 먹을
수 있다. 그러나 선과 악을 알게 하는 나무의 열매는
먹지 마라. 그것을 먹는 날에는 네가 반드시 죽을
것이다(창 2:16-17).

1월 / 3일

사이좋게 지내요

가인은 동생을 미워하고 때렸어요.
나도 동생이 미울 때가 있어요.
하나님, 내 마음에 사랑하는 마음을 주세요.
장난감과 먹을 것을 나누어 주면서 사이좋게 지낼 수
있도록 도와주세요. 그리고 엄마 아빠도 사랑하고
즐겁고 신나게 살 수 있도록 해 주세요.

여호와께서 말씀하셨습니다. "네가 무슨
짓을 저질렀느냐? 네 동생의 피가 땅에서
내게 울부짖고 있다"(창 4:10).

1월 / 4일

착한 아이

노아 할아버지가 살고 있을 때에 많은 사람들이
하나님을 싫어했어요. 하나님이 하지 말라는
미움, 다툼, 나쁜 말들을 하면서 하나님의 마음을
아프게 했어요.
하나님! 제가 좋은 생각을 하게 해 주세요.
하나님! 제가 좋은 말을 하게 해 주세요.
하나님! 제가 좋은 것을 배우게 해 주세요.
하나님! 제가 착한 아이가 되어서
하나님의 마음을 기쁘게 해 드리고 싶어요.

여호와께서 사람의 악이 세상에 가득한 것과 그 마음에 품는 생각이
항상 악하기만 한 것을 보셨습니다. 여호와께서 땅에 사람을 만든 것을
후회하시며 마음으로 아파하셨습니다(창 6:5-6).

1월 / 5일

무지개

노아 할아버지는 홍수 후에 비만 오면
무서워했어요. 또 다시 홍수가 나고 긴 세월 동안
방주에 다시 들어가 있어야 하는 건 아닌지 해서요.
그래서 하나님은 다시는 물로 세상을 심판하지
않겠다는 약속으로 무지개를 주셨어요.
빨강, 주황, 노랑, 초록, 파랑, 남색, 보라.

하나님, 제 마음도 이렇게 예쁜
색들로 색칠해 주세요.

내가 땅 위에 구름을 일으켜서 그 속에 무지개가 나타날 때
내가 나와 너 사이에 그리고 모든 종류의 생물들 사이에 세운 내
언약을 기억하겠다. 물이 홍수가 돼 모든 육체를 멸망시키는 일이
다시는 없을 것이다(창 9:14-15).

바벨탑

홍수로 다시는 세상을 멸망시키지 않겠다는 약속으로
무지개를 하나님이 주셨지만, 그것을 믿지 않는 사람들이
있었어요. 그래서 홍수가 나면 높은 곳에 올라가 살려고
바벨탑을 짓기 시작했어요.
하나님은 그 탑을 쌓는 것을 기뻐하지 않으셨어요. 그래서
사람들이 하는 말이 서로 통하지 않게 해서 탑을 못 짓게
하셨어요.
아휴! 그 사람들 때문에 저 같은 어린 아이들이 외국어를
공부하느라고 고생이에요. 왜 하나님의 약속을 믿지 못했을
까요?

하나님, 저도 레고로 탑 쌓는 것을 좋아해요.
하지만 하나님이 기뻐하시지 않는 탑은 저도
싫어요. 어떤 놀이를 해도 하나님 보시기에
좋은 것만 하게 해 주세요.

자, 우리가 내려가서 거기에서 그들의
언어를 혼란하게 해 서로 알아듣지 못하게
하자(창 11:7).

아브라함과 롯

아브라함이 조카 롯을 잘 키워주었지만 롯은 자기
재산이 늘어나자 아브라함과 다투게 되었어요.
그래서 아브라함이 좋은 곳을 먼저 택하고 떠나라고
하자 롯은 금방 자기에게 좋은 곳으로 가버렸어요.
롯은 아브라함에게 양보할 줄을 몰랐어요.

하나님, 저도 친구들하고 놀 때에 욕심을 부린 적이
있어요. 죄송해요. 저도 아브라함처럼 친구들에게
양보하는 아이가 되게 해 주세요.

아브람이 롯에게 말했습니다. "우리는 한 친척이므로
너와 나 사이에, 네 양치기와 내 양치기 사이에 더 이상
싸움이 없도록 하자. 온 땅이 네 앞에 있지 않느냐? 나를
떠나거라. 만약 네가 왼쪽으로 가면 나는 오른쪽으로
가겠고 네가 오른쪽으로 가면 나는 왼쪽으로 가겠다"
(창 13:8-9).

아브라함과 이삭

아브라함과 사라는 나이가 많았지만 기도하고 믿음으로 기다렸을
때 이삭이라는 아들을 얻을 수가 있었어요. 우리 엄마 아빠도 제가
태어나기를 하나님께 기도했다고 하셨어요.
하나님, 제가 이렇게 좋으신 부모님 밑에서 태어나게 해 주셔서
감사해요. 저의 부모님의 기도를 들어주셔서 저 같이 멋있는
아이를 주셔서 감사해요.

하나님께서 말씀하셨습니다. "아니다. 네 아내
사라가 네 아들을 낳을 것이고 너는 그 이름을
이삭이라고 할 것이다" (창 17:19).

이삭을 바치는 아브라함

아브라함이 이삭만 너무 사랑하는 것 같아서 하나님은
아브라함을 시험하시려고 이삭을 바치라고 하셨어요. 아들을
죽여서 제물로 드리는 것은 매우 힘들었지만 아브라함은 믿음으로
드렸어요. 하지만 하나님은 결국 이삭을 죽이지 말라고 하셨어요.
그런 하나님이 외아들 예수님께서 십자가에서 죽으실 때는 아무 말도 안
하시고 그냥 죽게 하셨어요. 우리를 위해서 그러신 거예요. 마음이 아파요.
아브라함이 아들을 죽이지 못하게 하신 하나님!
하지만 저를 위해 예수님이 십자가에서 소리쳐도 그냥 두신 하나님!
감사해요.
하나님의 그 놀라운 사랑을 제가 알게 해 주세요.

그 아이에게 손대지 마라. 그에게 아무 것도 하지 마라.
네가 네 아들, 곧 네 외아들까지도 내게 아끼지 않았으니 이제
네가 하나님을 경외하는 것을 내가 알았노라(창 22:12).

착한 리브가

먼 여행길에 지친 아브라함의 종과 낙타 열 마리를 위해
뛰어다니면서 물을 열심히 마시게 한 리브가는 그 일로 인해서
이삭의 아내가 될 수 있었어요.
저도 친구들을 돕고 고양이와 강아지들을 괴롭히지 않고 잘
돌보고 싶어요.
친구들하고 싸우고 고양이와 강아지를 괴롭힌 적이 있다면 용서해
주세요. 사람도 동물들도 열심히 잘 도와주는 착한 아이가 되게 해
주세요.

"내 주여, 드십시오" 하면서 그녀는 얼른 자기의 물동이를 내려서
손에 받쳐 들고 그에게 마시게 했습니다. 그에게 물을 다 마시게 한
후 리브가가 말했습니다. "낙타들을 위해서도 제가 물을 길어다가
낙타들이 물을 다 마시도록 하겠습니다" (창 24:18-19).

에서와 죽

에서는 배가 고파서 동생 야곱이 만든 죽이 너무나
먹고 싶었어요. 그래서 야곱이 죽을 주는 대신에
맏아들의 권리를 팔라는 요구를 하자 에서는
대수롭지 않게 여기고 팔고 먹었어요.
저도 먹는 것과 노는 것에 정신이 팔려서 교회도
안 가고 하나님의 자녀인 것을 잊어먹지 않게 해
주세요. 하나님을 믿고 교회 가는 것을 대수롭지
않게 여기는 일이 없게 해 주세요.

야곱이 대답했습니다. "먼저 형의 장자권을 오늘 내게
파십시오." 에서가 말했습니다. "내가 지금 죽을 지경인데
장자권이 내게 무슨 소용이냐?" (창 25:31-32).

아버지를 속이는 야곱

야곱은 아버지의 축복을 받고 싶어서 형 에서로 변장을 했어요.
그리고 눈이 잘 안 보이는 아버지 이삭을 속였어요. 나중에 이
사실을 알게 된 에서를 피해서 도망을 간 야곱은 오랫동안 엄마
아빠를 볼 수가 없었고 많은 고생을 해야만 했어요.
하나님, 제가 엄마 아빠에게 거짓말을 하지 않게 해 주세요.
사람들을 속이지 않고 언제나 정직하고 착한 아이가 되게 해
주세요.

이삭이 말했습니다.
"네 동생이 들어와서 속임수를 쓰면서까지 네
복을 빼앗아 가 버렸다"(창 27:35).

씨름하는 야곱

고향으로 돌아가는 야곱은 에서가 자기를 죽이러 온다는 말을 듣고
너무나 무서웠어요. 그래서 밤새도록 하나님과 씨름을 하면서
도와달라고 했어요. 하나님은 야곱의 이름을 '이스라엘'이라고
하시면서 "네가 하나님과 싸워 이겼다"라고 하셨어요. 저도 아빠랑
씨름을 하면 항상 이겨요.

저랑 씨름 할 때 아빠가 언제나 져 주시는 것을 알아요.
하나님도 저의 기도에 언제나 져 주시는 분인 것을 알아요.
감사해요. 하나님!

그 사람이 말했습니다. "이제 네 이름은 더 이상 야곱이 아니라
이스라엘이다. 네가 하나님과 겨루고 사람들과 겨루어 이겼기
때문이다"(창 32:28).

21

꿈꾸는 요셉

요셉은 형들이 자기에게 절하는 꿈을 꾸었어요. 그것을 형들에게 이야기
하자 형들은 요셉에게 화를 내고 미워했어요. 아버지 야곱이 요셉을 제일
많이 사랑해서 형들은 화가 나 있었거든요. 하지만 요셉의 꿈대로 결국
형들은 요셉에게 절을 하게 되었어요.
제가 무서운 꿈을 꾸지 않고 하나님이 주시는 꿈을 꾸게 해 주세요.
그리고 친구들에게 잘난 체하고 자랑을 너무 많이 하지 않게 해 주세요.

요셉은 그들에게 이렇게 말했습니다. "제가 꾼 꿈
이야기를 들어보세요. 우리가 밭 가운데서 곡식
단을 묶고 있었어요. 그런데 제가 묶은 단이 일어나
똑바로 섰어요. 그러자 형님들의 단이 제 단을
둘러서서 절을 하는 것이었어요." (창 37:6-7).

팔려가는 요셉

어느 날 야곱이 요셉에게 먼 곳에서 양들을 치고 있는 형들이 잘 있는지 보고
오라고 하였어요. 아버지 말을 따라 찾아 간 요셉을 형들이 보고, "저 꿈꾸는
애 요셉을 죽이자. 그러면 그가 꾼 꿈대로 되지 않을 것이다"라고 말했어요.
하지만 유다 형은 요셉을 죽이지 말고 은 이십 개를 받고 종으로 팔자고
했어요. 그래서 요셉은 슬프게도 이집트로 팔려 갔어요.
예수님, 저도 가끔은 동생이 밉고 얄미울 때가 있어요. 예수님처럼 따뜻한
마음을 가지게 해 주세요. 그래서 동생을 사랑하고 사이좋게 지낼 수 있도록
도와주세요.

그들이 서로 의논했습니다. "저기 꿈쟁이가 온다. 자,
우리가 그를 죽여 이 구덩이들 가운데 하나에 처넣고
맹수가 그를 삼켜 버렸다고 하자. 그의 꿈이 어떻게
되나 어디 한번 보자" (창 37:19-20).

아버지를 속이는 형들

형들은 동생 요셉을 이집트에 종으로 팔았어요. 그리고 요셉의 옷에 염소의 피를 묻혀서 아버지 야곱에게 보여주고 요셉이 사자에게 잡혀 먹혔다고 거짓말을 했어요. 그 말을 믿은 야곱은 몹시 슬퍼하며 울었어요. 제가 엄마 아빠에게 거짓말을 하면 엄마 아빠도 슬퍼하겠죠!
예수님, 요셉의 형들은 요셉을 종으로 팔고 아빠에게 거짓말도 했어요. 저도 동생을 때리고 엄마 아빠에게는 내가 안 그랬다고 거짓말을 한 적이 있어요. 용서해 주세요. 엄마 아빠의 마음을 슬프게 하는 아이가 안 되게 해 주세요.

야곱이 자기 옷을 찢고 베옷을 입고 여러 날 동안 그 아들을 위해 슬피 울었습니다(창 37:34).

속이면 속아요

야곱은 염소털로 손과 목을 감싸고 에서인
것처럼 아버지 이삭을 속였어요. 요셉의 형들은
염소 피로 요셉의 옷에 묻히고 요셉이 죽었다고
아버지 야곱을 속였어요. 아버지 야곱을 속인
유다는 며느리 다말에게 속임을 당하는데 그 때도
염소이야기가 나와요. 거짓말을 해서 사람들을 속이면
나도 속임을 당하게 되어요.
예수님, 제가 거짓말로 사람들을 속여서 똑같이 속임을
당하지 않고 정직과 사랑을 심어서 사랑받는 아이가
되게 해 주세요.

유다는 그 여자에게 담보물을 되돌려
받으려고 자기 친구인 아둘람 사람 편에
어린 염소를 보냈습니다. 그러나 그는 그
여자를 찾지 못했습니다(창 38:20).

불평하지 않는 요셉

요셉은 자기 집에서 존귀한 아들로
넉넉하게 잘 살았지만 이집트로
팔려가서 보디발의 집에서는 종으로
힘든 일을 해야만 했어요. 하지만 요셉은
불평하거나 짜증내지 않고 힘든 일들을
열심히 잘 했어요.
예수님, 저도 목욕하고 방 정리하는 일들을
짜증내지 않고 잘 할 수 있게 도와주세요.
제가 하기 싫은 일들도 웃으면서 신나게
하는 아이가 되게 해 주세요.

요셉의 주인은 여호와께서 그와 함께하시고 그가
하는 일마다 여호와께서 잘되게 해 주시는 것을
보았습니다(창 39:3).

도와주는 요셉

이집트 왕에게 술과 빵을 바치는 두 명의
신하가 잘못을 저질러서 감옥에 갇히게
되었어요. 요셉은 그들을 잘 섬기다가 어느
날 그들이 슬퍼보였어요. 두 명의 신하는
이상한 꿈을 꾸었는데 무슨 뜻인지를 몰랐기
때문이에요. 요셉은 하나님이 주신 지혜로
그 꿈의 뜻을 알려주었어요.
예수님, 제 친구들 중에 아프고 슬픈 아이가
있어요. 저도 요셉처럼 그 친구들을 도울 수
있는 아이가 되고 싶어요. 도와주세요.

그들이 대답했습니다. "우리가 꿈은 꾸었는데
꿈을 풀이해 줄 사람이 없구나." 요셉이 그들에게
말했습니다. "꿈을 풀이하는 것은 하나님께 달린
일이 아니겠습니까? 꿈꾸신 것을 제게 말씀해
보십시오"(창 40:8).

1월 /20일

바로의 꿈

이집트 나라의 왕 바로가 어느 날 밤에 이상한 꿈을
꾸었어요. 아름답고 살진 소 일곱 마리가 잘 놀고 있는데
그 뒤에 못생기고 깡마른 소 일곱 마리가 나타나서 살찐
소들을 다 잡아 먹었어요. 바로는 이것이 하나님께서
주신 꿈인 것 같았지만 어떤 의미인지 몰라서
고민에 빠졌어요.
예수님, 저도 모르는 것이 많이 있어요. 그 때마다
알아듣기 쉽게 저에게 말씀해 주세요. 그리고 제가
그 말씀에 순종하게 해 주세요.

아침에 바로는 마음이 편치 않았습니다. 그가 사람을 보내 이집트의
모든 마술사들과 지혜자들을 불러들였습니다. 바로가 그들에게
자기가 꾼 꿈을 말해 주었는데 그 꿈을 풀이할 수 있는 사람이 아무도
없었습니다(창 41:8).

꿈을 풀어두는 요셉

바로의 꿈을 요셉이 하나님의 지혜로 풀어주었어요. 살진
소 일곱 마리는 이집트 나라에 일곱 해 풍년이 있을
것이라는 의미에요. 깡마른 일곱 마리 소는 그 풍년
후에 올 일곱 해의 극심한 가뭄을 의미하는 것이라고
요셉은 알려주었어요. 그리고 지혜로운 사람을
총리로 세워서 풍년일 때 가뭄을 잘 준비하면 이겨낼 수
있다고 말해주었어요.
예수님, 저는 내일 아침에 입을 옷을 미리 준비하지 않고
잘 때가 많아요. 모든 일을 미리 준비하는 요셉 같은
사람이 되게 해 주세요.

이 제안이 바로와 그의 모든 신하들에게 좋게
여겨졌습니다(창 41:37).

29

이집트의 총리가 된 요셉

바로와 신하들은 요셉에게 있는 하나님의 지혜를 보고 그를
이집트의 총리로 세웠어요. 감옥의 죄수에서 하루아침에 총리가
되었어요. 총리가 된 이후에도 그는 지혜와 성실함으로 많은
사람들을 살리고 도와주는 사람이 되었어요.
예수님, 저도 매일매일 성경을 읽고 기도해서 훌륭한 사람이
되고 싶어요. 그래서 많은 사람들을 잘 도와주고 섬길 수 있도록
도와주세요.

바로가 요셉에게 말했습니다. "하나님께서 네게 이 모든 것을 알려
주셨으니 너만큼 분별력과 지혜가 있는 사람이 없을 것이다. 너는 내
집을 다스리도록 하여라. 내 모든 백성이 네 명령에 순종할 것이다.
내가 너보다 높은 것은 이 왕의 자리뿐이다" (창 41:39-40).

1월 / 23일

가뭄을 준비하는 요셉

일곱 해 풍년일 때 요셉은 창고를 많이 짓고 그 안에
엄청나게 많은 곡식을 저축해 두었어요. 그리고 일곱
해 가뭄 때 저축한 곡식을 사람들에게 나누어 주어서
굶지 않고 잘 살 수 있도록 도와주었어요.
좀 아까울 때도 있지만 저도 친구들에게 먹을 것을
많이 나누어 줄 수 있도록 도와주세요. 엄마 아빠가
사 주는 과자와 사탕을 한 번에 다 먹지 말고 저축해
놓았다가 배고플 때 먹을 수 있는 지혜와 참을성을
저에게 주세요.

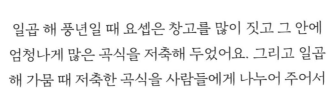

요셉이 말한 대로 7년의 흉년이 시작됐습니다. 다른 모든
나라에도 흉년이 들었지만 이집트 온 땅에는 식량이
있었습니다(창 41:54).

31

요셉에게 절하는 형들

이스라엘 땅에도 가뭄이 심해서 요셉의 형들이 이집트에 곡식을 사러
갔어요. 거기서 형들은 이집트의 총리가 된 요셉을 알아보지 못하고 그
앞에서 절을 했어요. 그 모습을 보고 요셉은 자기가 오래 전에 꾼 꿈대로
하나님이 이루어 주신 것을 보고 감동했어요. 하나님도 저에게 멋진 꿈을
주시고 그 꿈대로 이루어 주세요.
하나님, 아빠가 저에게 사주시겠다고 약속하신 장난감은 꼭 사주세요.
하나님도 저에게 좋은 것을 많이 주시겠다고 약속하신 것들을 꼭 이루어
주실 줄 믿어요.

그때 요셉은 그 땅의 총리가 돼 그 땅의 모든 백성들에게 곡식을 팔고 있었습니다.
요셉의 형들이 와서 얼굴을 땅에 대고 그에게 절을 했습니다(창 42:6).

반성하는 형들

요셉은 형들에게 자신이 요셉임을 밝히지 않았어요. 형들이 이제는 반성하고 서로 사랑하는지를 알고 싶었기 때문이에요. 그래서 형들 중 시므온을 감옥에 가두고 집에 가서 막내 베냐민을 데리고 오라고 명령했어요. 형들은 그 이야기를 듣고 요셉에게 했던 일을 깊이 반성하고 후회했어요.

하나님, 제가 동생과 친구들을 괴롭히면 저도 마음이 아프게 된다는 것을 알게 해 주세요. 그리고 잘못했을 때는 반성하고 하나님께 기도할 수 있도록 도와주세요.

형제들이 서로 말했습니다. "정말로 우리가 우리 동생 때문에 벌을 받고 있구나. 그가 그렇게 괴로워하는 것을 보고 또 그가 목숨을 구해 달라고 우리에게 사정을 할 때 듣지 않아서 우리가 이런 괴로움을 당하고 있는 것이다" (창 42:21).

베냐민을 보내지 않으려는 야곱

야곱의 가족은 또 먹을 음식이 없어서 이집트로 곡식을 사러 가야만 했어요.
요셉은 다음에 올 때는 반드시 베냐민을 데리고 오라고 했어요. 하지만
야곱은 막내 베냐민을 보내고 싶지 않았어요. 요셉처럼 베냐민에게 나쁜 일이
일어날까봐 두려웠기 때문이에요. 야곱은 베냐민을 너무나 사랑했어요. 엄마
아빠도 저를 엄청 사랑하세요.
하나님도 저를 위험한데 보내지 않고 언제나 보호해주시며 사랑해 주셔서
감사해요. 저도 하나님을 멀리하고 싶지 않아요. 언제나 제 곁에 있어 주세요.

그러나 야곱이 말했습니다. "내 아들 베냐민은 너희와 함께 거기에 내려가지
못한다. 베냐민의 형 요셉이 죽었고 이제 베냐민밖에 남지 않았다. 혹시
너희가 데려가는 길에 베냐민이 해라도 입는다면 너희는 흰머리가 난 나를
슬픔 가운데 죽게 만들 것이다"(창 42:38).

형들이 달라졌어요

형들과 베냐민이 집으로 돌아갈 때 요셉은 몰래 베냐민의 가방에 자기의
은잔을 숨겨 놓았어요. 요셉은 형들이 베냐민을 어떻게 대하는 지를 시험해 본
것이었어요. 그들이 얼마동안 갔을 때 요셉의 종들이 쫓아가서 왜 우리 주인의
은잔을 훔쳐 갔느냐고 하면서 베냐민을 다시 잡아 왔어요.
형들은 그냥 베냐민을 두고 집으로 가지 않고 모두가 요셉에게 다시 가서
용서를 빌었어요. 형들이 달라졌어요.
저도 동생을 혼자 버려두지 않고 언제나 돌볼 수 있게 도와주세요. 우리 엄마
아빠가 매일 "우리 아이가 달라졌어요"라는 좋은 말을 할 수 있도록 저를
도와주세요.

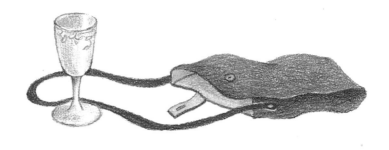

그러니 제발 이 아이 대신 이 종이 내 주의 종으로 여기 남게 하시고 이 아이는
자기 형들과 함께 고향으로 돌아가게 해 주십시오. 이 아이와 함께하지 않는다면
제가 어떻게 제 아버지께 돌아갈 수 있겠습니까? 그럴 수 없습니다. 저는 제
아버지께서 불행한 일을 당하시는 것을 차마 볼 수가 없습니다
(창 44:33-34).

형들을 용서하는 요셉

요셉은 형들이 베냐민을 위해 애쓰는 모습을 보고 눈물을 흘리며 자기가
요셉임을 밝혔어요. 그리고 형들에게 자기를 이집트에 노예로 판 것을
마음 아파하지 말라고 했어요. 그것을 통하여 하나님께서 많은 사람들의
생명을 살릴 수 있게 하셨기 때문이에요. 요셉은 자기를 너무나 힘들게
한 형들을 용서하고 위로해 주었어요. 친구들이 조금만 괴롭혀도 화를
내고 싸운 제가 부끄러워요.
요셉은 형들을 용서할 뿐 아니라 오히려 위로도 해 주었어요. 저를
괴롭힌 친구들에게 그렇게 대할 자신이 저는 없어요. 하나님, 저에게
요셉 같은 마음을 주세요.

요셉이 형제들에게 말했습니다. "제게 가까이 오십시오." 그들이
가까이 오자 요셉이 형제들에게 말했습니다. "제가 형님들이 이집트에
팔아 버린 형님들의 동생 요셉입니다" (창 45:4).

형들과 아버지를 돌보는 요셉

요셉은 아버지를 이집트로 모시고 와서 형들과 모든 식구들을 부족한
것이 없이 잘 돌보아 드렸어요. 저도 이다음에 어른이 되면 엄마 아빠를
잘 돌보고 싶어요. 엄마 아빠가 저에게 필요한 모든 것을 다 사주시고
잘 돌보아 주신 것처럼 저도 똑같이 해드리고 싶어요. 사랑하고
아이스크림을 많이많이 사 드릴 거예요.
엄마 아빠가 할머니 할아버지가 되는 것은 슬퍼요. 하지만 제가 멋지게
커서 잘 돌보아 드릴 수 있도록 하나님께서 꼭 도와주세요.

아직도 흉년이 5년 더 남았으니 제가 아버지를
봉양하겠습니다. 그렇지 않으면 아버지와 아버지의
집안과 아버지께 속한 모든 사람들이 다 가난에 처하게 될
것입니다라고 말입니다(창 45:11).

37

고향을 그리워하는 야곱과 요셉

야곱과 요셉은 죽으면서 자신들을 고향 땅 이스라엘에 묻어달라고 부탁을
했어요. 이집트에 먹을 것이 많고 살기에 좋아도 고향을 그리워한 것이에요.
엄마 아빠가 그러는데 제가 돌아가야 할 고향은 천국이라고 하셨어요. 그
천국은 이 세상보다 훨씬 맛있는 것도 많고 재미있는 곳이라고 하셨어요. 저는
꼭 그곳으로 갈 거예요.
저는 천국이 어떤 곳인지 잘 알지 못하지만 예수님이 그곳에 계시면 정말 좋은
곳이라고 믿어요. 제가 천국에 가면 예수님, 저하고 많이많이 놀아주세요.

"내가 내 조상들과 함께 눕거든 너는 나를 이집트에서 메고 올라가
조상들의 무덤 곁에 묻어 주기 바란다." 요셉이 말했습니다.
"제가 아버지께서 말씀하신 대로 하겠습니다" (창 47:30).

요셉을 알지 못하는 이집트 왕

세월이 흐르자 요셉이 이집트 백성들을 살린 큰 역사를 왕이 잊어버렸어요.
그래서 이집트 왕은 요셉의 자손들을 괴롭히기 시작했어요. 심지어 남자
아기가 태어나면 다 죽이라는 무서운 명령까지 내렸어요. 저는 하나님이
저에게 주신 좋은 것들과 엄마 아빠의 사랑을 잊고 싶지 않아요.
예수님, 저는 가끔 엄마 아빠가 시킨 일을 까먹을 때가 있어요. 하지만
엄마 아빠가 제게 주신 사랑과 예수님의 사랑은 절대로 잊어버리지 않게
도와주세요.

요셉을 알지 못하는 새로운 왕이 일어나
이집트를 다스렸습니다(출 1:8).

2

February

너는 세상 그 무엇보다
멋지단다

2월 / 1일

물에서 건짐을 받은 모세

바로 왕이 이스라엘의 남자 아기를 다 죽이라고 했지만
레위인 부부가 아들을 낳고 너무 잘 생겨서 석 달을 몰래
키웠어요. 하지만 아기를 더 이상 숨겨 키울 수가 없어서
갈대상자에 아기를 넣고 나일 강에 띄어 놓았어요. 그것을
이집트의 공주가 보고 불쌍히 여겨 자기의 양자로 삼아서
모세는 안전하게 자랄 수 있었어요.
아기 모세를 강에서 안전하게 살려 주신 하나님, 저도
다치지 않게 언제나 하나님의 큰 손으로 저를 감싸 주세요.

아이가 어느 정도 자라자 그녀는 아이를 바로의 딸에게
데려다 주었고 아이는 그의 아들이 됐습니다. 바로의 딸은
"내가 그를 물에서 건졌다"라고 하며 이름을 모세라고
지어 주었습니다(출 2:10).

2월 / 2일

이집트 사람과 싸우는 모세

자기 형제인 히브리 사람을 이집트 사람이 치는 것을 보고
모세는 화가 나서 그 이집트 사람을 때려서 죽이고 모래
속에 몰래 감추었어요. 하지만 이 일이 나중에 발각이
되어서 모세는 멀리 미디안 광야로 도망을 가야만
했어요. 나도 친구들하고 가끔 싸울 때 밀치거나
때린 적이 있어요. 정말 죄송해요.

예수님, 친구가 아무리 잘못을 해도 제가 싸우고
때리는 일이 없도록 도와주세요. 예수님처럼
친구를 이해하고 사랑하는 따뜻한 마음을
주세요.

이리저리 살펴 아무도 없는 것을
보고는 그 이집트 사람을 죽여 모래
속에 묻었습니다(출 2:12).

43

우리의 아픔을 들어주시는 하나님

이집트의 왕은 이스라엘 사람들에게 일을 많이 하게 했어요.
이스라엘 사람들은 그 일이 너무나도 힘들고 괴로워서
하나님께 부르짖었어요. 하나님은 그들의 고통의 소리를
들으시고 도와주기로 하셨어요.
하나님, 제가 가끔 아프고 힘들 때가 있어요. 그 때 제가
기도하면, 비록 제 기도 소리가 작아도 잘 들어주시고 저를
도와주세요.

오랜 세월이 흘러 그 이집트 왕이 죽었습니다.
이스라엘 민족은 중노동으로 인해 신음하며
울부짖었습니다. 그러자 이스라엘 민족의 울부짖는
소리가 하나님께 이르렀습니다 (출 2:23).

모세를 보내시는 하나님

떨기나무에 불이 붙었지만 나무가 타지 않는 것을 보고 모세가
신기해서 구경하러 갔어요. 그때 하나님은 모세에게 고통 받는
이스라엘 백성에게 가서 그들을 구원해 주라고 하셨어요.
하지만 모세는 가기를 싫어했어요.
하나님, 저는 엄마 아빠랑 우리 집에서 사는 것이 좋아요.
하지만 이다음에 커서 하나님께서 배고프고 힘든 사람들에게
가서 도와주라고 하시면 제가 갈 수 있도록 용기를 주세요.

이스라엘 백성들의 울부짖는 소리가 내게 들렸고 이집트
사람들이 그들을 억압한 것을 내가 보았다. 그러니 이제 너는
가거라. 내가 너를 바로에게로 보내 너로 하여금 내 백성
이스라엘 자손을 이집트에서 이끌어 내게 할 것이다(출 3:9-10).

하나님의 명령을 거부하는 모세

하나님께서 이스라엘 백성들을 도와주러 가라고 했지만 모세는
거부를 했어요. 말을 잘 못하기 때문에 못 간다고 했어요. 하지만
하나님은 "내가 입을 만들었다. 내가 도와주겠다"라고 하시면서 다시
가라고 하셨어요.
저도 말을 잘 못해요. 화가 나거나 긴장하면 더 더듬거려요. 제 입을
만드신 하나님, 좋은 말은 잘하게 하시고 나쁜 말은 더 못하게 해
주세요. 저는 작은 아이에요. 하지만 작은 저의 생각으로 하나님을
생각하지 않게 해주세요. 하나님은 아주 크신 분이시니깐 하나님이
저를 생각해 주세요.

사람에게 입을 준 자가 누구냐? 또 귀머거리나 벙어리가 되게
하거나 눈으로 보게 하거나 눈멀게 하는 자가 누구냐? 나
여호와가 아니냐? 이제 가거라. 네 입에 있어 무슨 말을 할지
내가 가르쳐 줄 것이다(출 4:11-12).

약속을 지키시는 하나님

하나님께서 이스라엘 백성들의 고통의 소리를 들으시고 모세를
보내신 이유는 아브라함과 이삭과 야곱에게 하신 약속을 기억하셨기
때문이에요. 가나안 땅을 주시겠다고 약속하셨기 때문에 이집트에서
구원하여 돌려보내려고 하시는 것이에요. 약속하신 것은 꼭 지키시는
하나님을 저도 닮고 싶어요.

하나님, 저는 엄마 아빠와 한 약속들을 잊을 때가 있어요. 텔레비전
오래 안 보고 게임을 조금만 하기로 한 약속들을 잘 지킬 수 있도록
도와주세요.

이제 이집트 사람들 아래서 종노릇하는
이스라엘 자손들의 신음 소리를 듣고
내가 언약을 기억했다(출 6:5).

모세를 돕는 형 아론

모세가 계속 하나님께 자기는 말을 잘
못한다고 하자, 하나님은 말을 잘하는 모세의
형 아론을 보내주셨어요. 그리고 모세를 바로
앞에서 하나님처럼 높여 주셨어요.
제가 부족하면 돕는 사람을 보내주시는
하나님, 감사해요. 엄마 아빠도 언제나 제가 최고라고
하세요. 엄마 아빠, 하나님을 기쁘시게 해드리는 최고로
착한 아이가 될 수 있도록 도와주세요.

여호와께서 모세에게 말씀하셨습니다. "보아라. 내가 너를
바로에게 하나님같이 되게 했다. 네 형 아론은 네 대변인이
될 것이다"(출 7:1).

이집트의 마술사

바로가 기적을 요구해서 모세는 지팡이를 던졌어요.
그러자 금방 뱀으로 변했어요. 하지만 이집트의
마술사들도 똑같이 지팡이를 뱀으로 변하게 했어요.
그것을 보고 바로는 모세의 말을 듣지 않았어요.
저도 뱀과 용이 나오는 마술 영화나 만화를 좋아해요.
하나님의 말씀을 대적하는 마술은 싫어하게
해주세요. 제가 귀신이 나오는 이야기나
잔인한 게임을 좋아하지 말고 하나님의
말씀 읽는 것을 제일 재미있어 하는
아이가 되게 도와주세요.

그러자 바로는 지혜로운 사람들과 마술사들을
불렀습니다. 그 마술사들도 자기들의 비법으로
똑같이 했습니다(출 7:11).

49

2월 / 9일

고집 센 바로

이스라엘 백성들이 가나안에 가서 하나님을 섬기지 못하게 하는
바로를 변화시키기 위해서 하나님은 모세를 통하여 이집트에
파리, 메뚜기 떼로 고통을 당하고, 사람들과 짐승들의 몸에
종기가 나게 했지만 여전히 바로는 거역하고 말씀에 순종하지
않았어요.
하나님, 제가 엄마 아빠가 안 된다고 하는 데도 고집을
부리면서 장난감을 사달라고 할 때가 있어요. 죄송해요.
엄마 아빠 말에도, 하나님의 말씀에도 고집피우고 안
듣는 나쁜 마음을 가지지 않게 도와주세요.

그러나 비와 우박과 천둥이 멈춘 것을 보고 바로는 여전히
죄를 짓고 마음이 강퍅해졌습니다. 그런 마음은 바로나 그의
신하들이나 마찬가지였습니다(출 9:34).

아홉 번째 재앙 - 어두움

바로가 하나님의 말씀을 자꾸 거역하자 하나님은 열 가지의
재앙을 이집트에 내리셨어요. 그 중에 아홉 번째가 어두움의
재앙이었어요. 삼 일 동안 이집트에 앞이 전혀 안 보이는 어두움이
있어서 아무도 집 밖을 나갈 수 없었어요. 하지만 이스라엘
사람들이 사는 곳에는 빛이 있었어요.
하나님, 저도 깜깜한 방에 혼자 잠을 자면 무서울 때가 있어요.
그럴 때 하나님께서 빛의 방패로 저를 지켜주세요. 그리고 저를
무지개처럼 아름다운 빛으로 가득한 하나님의 나라로 인도해
주세요. 우리 엄마 아빠도요.

모세는 자기의 손을 하늘로 향해
뻗었습니다. 그러자 짙은 어둠이 3일 동안
온 이집트 땅을 덮었습니다(출 10:22).

열 번째 재앙 - 죽음

바로가 끝까지 고집을 피우고 마음을 악하게 해서 하나님은 마지막
재앙으로 이집트에서 태어난 첫 번째의 것은 사람이든 짐승이든 다
죽게 하셨어요. 하지만 양의 피를 대문의 옆과 위에 바르면 그 안에 있는
사람들은 다 살았어요. 그 피를 보고 그 집은 넘어가신 것이에요. 옛날에
아이가 많이 아프면 엄마가 손가락을 잘라서 그 피를 마시게 해서 살리곤
했다고 해요.
이스라엘 사람들을 살리기 위해서 어린 양이 죽음을 당하고 그 피가 문에
발라져야 했던 것처럼 예수님도 저를 위해 십자가에서 죽으시고 피를
흘려 주셔서 감사해요. 그 피를 저의 마음에 늘 발라 주세요.

내가 이집트 땅을 칠 때 너희 사는 집에 피를 발랐으면 그것이
표시가 돼 내가 그 피를 볼 때 너희를 그냥 지나칠 것이다.
그러므로 재앙이 너희에게 내려 너희를 멸망시키는 일이 없을
것이다(출 12:13).

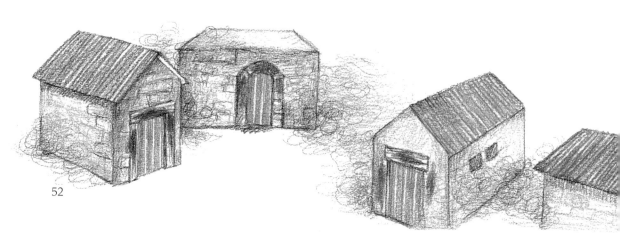

가만히 있으라

이스라엘 백성들이 광야로 가자 바로는 또 마음을 악하게 먹고 군대를
이끌고 쫓아갔어요. 이스라엘 백성들은 이집트 군대가 쫓아오는 것을
보고 도망가고자 했지만 앞에는 홍해가 가로막고 있었어요. 그들은
너무 두려워서 소리를 지르고 불평했어요. 하나님은 그들에게 "가만히
있으라"고 명령하셨어요. 저도 그런 상황에 있으면 무서워서 소리 지르고
도망갔을 것 같아요. 제가 무섭고 아플 때 아빠가 저를 꼭 안아 주세요.
그러면 저는 아빠의 넓고 따뜻한 품안에서 편안하게 가만히 있어요.
하나님, 제가 무섭고 어떻게 해야 할지 모를 때 저를 꼭 안아주세요.
그러면 저는 가만히 있을 수 있어요.

여호와께서 너희를 위해 싸우실 것이니 너희는
그저 가만히 있기만 하면 된다(출 14:14).

홍해를 가르신 하나님

이집트의 군대가 쫓아오고 앞에는 홍해가 있어서
두려워 떨고 있을 때 하나님의 명령대로 모세가
바다를 향해 지팡이를 들고 손을 내밀자 바다가
갈라졌어요. 그 사이로 이스라엘 백성들은 무사히
통과를 했지만 그 뒤를 따라 바다 길로 들어간 이집트
군대는 다 죽었어요. 하나님은 우리를 놀라운 기적으로
보호하시고 인도해 주시는 멋진 분이세요.
하나님, 제가 무섭고 어디로 가야 할지 모를 때 모세처럼 두
손을 번쩍 들고 기도할 수 있게 해 주세요. 그래서 바다에도
길이 생기고 저를 힘들게 하는 것들이 사라지는 기적을
체험하게 해 주세요.

그때 모세가 바다 위로 손을 뻗었습니다. 그러자 여호와께서
밤새도록 동쪽에서 바람이 불게 하셨습니다. 그 바람 때문에
바닷물이 갈라져 바다가 마른 땅이 됐습니다(출 14:21).

용사이신 여호와

하나님은 당시에 가장 강한 군대인 바로의
군대와 전차를 깊은 바다에 처넣으시고
이스라엘 백성들에게 승리를 주셨어요. 이
세상의 어떤 왕도, 군대도, 마귀도 하나님을
이길 수가 없어요. 하나님은 수퍼맨보다도,
스파이더맨보다도 더 강한 용사이시기 때문이에요.
하나님, 제가 엄마 아빠 말도 안 듣고 화내고 짜증내고
미워하는 마음이 들 때가 있어요. 이러한 마음과 싸워서
이길 수 있는, 하나님 같은 용사가 되게 도와주세요.

여호와는 용사시니 여호와가 주의 이름입니다. 주께서는
바로의 전차와 그의 군대를 바다 속에 던지시니 바로의 가장
뛰어난 지휘관들이 홍해 속에 잠겼습니다(출 15:3-4).

치료하는 여호와

이스라엘 백성들이 광야를 지나가며 '마라'라는 곳에
도착해서 보니 물이 써서 마실 수가 없었어요.
너무나도 더운 날씨에 마실 물이 없자 불평을 했어요.
모세는 백성들을 위해 간절히 기도를 했어요. 그러자 하나님은 어떤
나무를 보여주시면서 그 나무를 물에 던지라고 하셨어요.
나무가 들어간 물은 금방 맛있는 물이 되었어요. 그리고 하나님은
하나님의 말씀대로 착하게 살면 질병을 주지 않고 언제나 치료해
주신다고 약속하셨어요.
하나님, 할머니 할아버지와 제 친구들 중에 아픈 사람이 있어요.
치료해주세요. 그리고 저도 하나님처럼 아픈 사람들을 치료해 주는
사람이 되고 싶어요.

너희가 너희 하나님 여호와의 음성을 잘 듣고 나 여호와가 보기에 옳은 일을
하며 너희가 계명에 귀를 기울이고 그 모든 규례를 지키면 내가 이집트
사람들에게 내린 질병 가운데 어느 하나도 너희에게 내리지 않겠다. 나는
너희를 치료하는 여호와다(출 15:26).

2월 / 16일

만나를 주시는 하나님

이스라엘 백성들이 뜨거운 광야에서 먹을 것이 없자
불평을 했어요. 그래서 하나님은 안식일을 제외하고
매일같이 하늘에서 만나를 비 오듯이 내려 주어서 먹게
하고 저녁에는 메추라기를 보내서 고기도 실컷 먹을 수
있게 하셨어요. 하늘에서 과자와 치킨이 비 오듯이 오면
정말 신날 것 같아요.
엄마 아빠는 한 번도 저를 배고프게 내버려
둔 적이 없어요. 하나님도 그러실 거라고
믿어요. 제가 먹는 것으로 불평하지
말고 항상 감사하는 마음으로 먹게
해주세요.

내가 이스라엘 백성들의 원망 소리를 들었다. 그들에게
'해질 무렵 너희가 고기를 먹을 것이요, 아침에 너희가
빵으로 배부를 것이다. 그러면 내가 너희 하나님 여호와인
줄 너희가 알게 될 것이다'라고 말하여라(출 16:12).

혼자 하기는 힘들어요

아침부터 저녁까지 혼자서 힘들게 많은 백성들을 재판하는 모세를
보고, 장인 이드로가 "지혜로운 사람들을 뽑아서 일을 나누어서 하라"고
충고해 주었어요. 엄마도 혼자서 많은 일을 하세요. 아빠 돌보기, 나
돌보기, 밥하기, 빨래하기, 청소하기... 저라도 엄마를 도와야겠어요.
저는 이제 아기가 아니에요. 제가 할 수 있는 일을 하면서 엄마 아빠를
도와드릴 수 있도록 해 주세요.

그들이 백성들을 위해 항상 재판하도록 하게. 단, 어려운
문제는 자네에게 가져오게 하게. 간단한 사건은 그들 스스로
판단할 수 있을 걸세. 그렇게 하면 그들이 자네와 함께 일을
나눔으로써 자네 짐도 한결 가벼워질 걸세(출 18:22).

거룩하신 하나님

시내 산에 내려오셔서
모세에게 말씀하시는
하나님의 음성을 듣기 위해서
백성들은 옷도 깨끗하게 빨아서 입고
자신들을 정결하게 하였어요. 주일날이 되면
엄마 아빠는 저를 깨끗이 씻겨 주시고 제일 좋은 옷을 입혀주세요.
그리고 우리 가족 모두 교회 가서 하나님께 예배드려요.
우리 가족 모두가 깨끗한 옷을 입고 교회에 가서 예배드리듯이
예수님이 엄마 아빠와 나를 깨끗하게 해 주셔서 하나님의 나라에 갈
수 있도록 도와주세요.

백성들에게 가서 오늘과 내일 그들을 거룩하게 하여라. 그들로
하여금 자기 옷을 세탁하게 하고 3일째 되는 날에 준비 되게
하여라. 나 여호와가 그날에 모든 백성들이 보는 앞에서 시내
산으로 내려갈 것이다(출 19:10-11).

2월 / 19일

우상을 싫어하시는 하나님

하나님은 우상을 만들고 그것에게 예배하고 기도하는 것을 싫어하세요. 전에
가족들이 산에 갔을 때 사람들이 돌무더기를 쌓아놓고 절하며 기도하는 것을
본적이 있어요. 아무것도 들을 수 없는 돌멩이에게 왜 기도를 하는 것일까요?
정말 이상했어요. 하나님을 저의 눈으로 볼 수는 없지만 마음으로는 느낄 수가
있어요. 저의 기도를 들어주시고 저를 사랑하신다는 것을요. 저도 하나님을
사랑해요.

너는 너 자신을 위해 하늘에 있는 것이나 땅에 있는 것이나 물속에 있는 것이나 무슨 형태로든 우상을
만들지 마라. 너는 그것들에게 절하거나 예배하지 마라(출 20:4-5).

2월 / 20일

잔치에 초대하시는 하나님

하나님은 모세와 아론과 이스라엘 장로들을 시내 산으로 부르셨어요. 그들은
산에 올라가서 하나님을 보고 먹고 마셨어요. 저도 산이나 바다에 가서 엄마
아빠랑 밥을 먹을 때가 제일 즐거웠어요. 하지만 하나님을 보고 하나님과
맛있는 것을 먹으면 더 신날 것 같아요. 지금도 맛있는 것을 많이 주시는
하나님, 감사드려요. 하늘나라에 가면 더 맛있는 것도 주시고 매일매일
하나님을 볼 수 있는 것도 미리 감사드려요.

그러나 하나님께서는 이스라엘 백성들의 지도자들에게 손을 대지 않으셨습니다. 그들은 하나님을
보기도 했고 먹고 마시기도 했습니다(출 24:11).

61

즐거운 마음으로 드리는 헌금

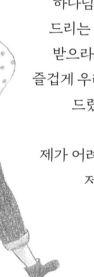

하나님께 예배드리는 성막을 만들기 위해서 억지로 드리는 것이 아니라 즐거운 마음으로 드리는 예물을 받으라고 모세에게 말씀하셨어요. 그래서 백성들은 즐겁게 우러나오는 마음으로 금, 은, 보석, 예쁜 실들을 드렸어요. 저도 엄마 아빠가 주는 용돈을 모아서 즐거운 마음으로 헌금할 거예요. 제가 어려서 하나님께 드릴 것이 많지 않아요. 하지만 저를 드릴게요. 지금도, 어른이 되어도 언제나 하나님을 기쁘게 해 드릴게요.

여호와께서 모세에게 말씀하셨습니다. "이스라엘 백성들에게 말해 내게 예물을 가져오라고 하여라. 자원해서 예물을 드리려고 하는 모든 사람에게 너희가 내 예물을 받아 와야 할 것이다"(출 25:1-2).

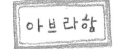

2월 / 22일

나의 이름을 기억하시는 하나님

하나님은 이스라엘 사람들의 이름을 절대로 잊지 않고
소중히 여기세요. 그래서 이스라엘의 열 두 아들의
이름을 열 두 보석에 새기고 제사장의 옷 어깨에 달게
하셨어요.
하나님, 저의 이름도 잊지 말아주세요. 하나님의
마음에 제 이름을 새겨주세요. 하늘나라 생명책에도
저의 이름을 커다랗게 써 주세요. 절대로 지우개로
지워지지 않게 해 주세요. 저도 하나님의 이름을 잊지
않을게요.

이스라엘 아들들을 기억나게 하는 보석으로 에봇의 어깨
끈에 붙인다. 아론이 여호와 앞에서 그 어깨에 이 이름들을
달아 기억나게 하는 것이다(출 28:12).

금송아지

모세가 40일 동안 산위에서 기도하는 동안 백성들은 기다리지 못하고
아론에게 자기들을 인도할 신을 만들어 달라고 했어요. 아론은
백성들이 가지고 온 금귀고리를 불에 녹여서 금송아지를 만들었어요.
그리고 "이것이 너희를 이집트에서 인도한 신이다"라고 하였어요.
아무리 금으로 만들어도 송아지는 송아지인데 왜 송아지를 만드신
하나님을 송아지라고 했을까요? 참 이상해요.
크신 하나님을 저의 작은 머리로 이해하고 모습을 그리려고 하지 않게
해 주세요. 하나님이 어떤 분이신지 성경 말씀을 통해 날마다 더 잘
알아갈 수 있도록 도와주세요.

아론은 백성들이 가져온 것으로 송아지 모양의 틀에 붓고 연장으로
다듬어 우상을 만들었습니다. 그러자 그들은 "이스라엘아, 이것은
너희를 이집트에서 이끌어 낸 너희 신이다"라고 말했습니다(출 32:4).

2월 / 24일

하나님의 얼굴을 보고 싶어 하는 모세

모세는 하나님의 얼굴을 보고 싶어 했어요. 그래서 하나님께 보여
달라고 기도를 하자 하나님은 "네가 나의 얼굴을 보면 죽는다"라고
말씀하시고, 모세에게 등만 보여 주셨어요. 밝은 대낮에 우리가 태양을
바라보면 우리 눈이 소경이 되는 것과 마찬가지로 하나님을 우리 눈이
보면 안 되는 것 같아요.
저도 하나님의 얼굴이 보고 싶어요. 하지만 천국에서 볼 때까지
참을래요. 천국에서 하나님을 마음껏 보아도 아무 문제가 없도록
지금부터 항상 깨끗한 마음을 가질 수 있도록 도와주세요.

그러면 내 영광이 지나갈 때 내가 너를 바위 틈새에 두고 내가 다 지나갈
때까지 내 손으로 덮을 것이다. 그러고 나서 내가 내 손을 뗄 것이니 너는 내
뒷모습만 보고 내 얼굴은 보지 못할 것이다(출 33:22-23).

40일 금식기도를 하는 모세

40일 동안 시내 산 위에서 모세는 음식을 먹지도 않고 물을
마시지도 않고 하나님께 기도하며 하나님의 음성을 들었어요.
이렇게 받은 십계명 돌판을 백성들이 금송아지를 만든 것을
보고 화가 나서 모세는 던져서 깨뜨렸어요. 그래서 모세는 한
번 더 40일 동안 금식하면서 두 번째 십계명 돌판을 받았어요.
먹지도, 마시지도 않고 기도한 모세 할아버지가 너무나
힘들었을 것 같아요.
저는 배고픈 것을 못 참아서 아직까지 금식기도를 하지
못했어요. 하지만 하나님과 함께 하는 시간을 꼭 가질게요.
아침에 일어나서 그리고 자기 전에 기도할 수 있도록
도와주세요.

모세는 거기에서 여호와와 함께 먹지도
마시지도 않고 40일 밤낮을 있었습니다. 그리고
여호와께서는 언약의 말씀, 곧 십계명을 돌판
위에 기록해 주셨습니다(출 34:28).

구름기둥과 불기둥

광야에서 이스라엘 백성이 가야할 길을 인도하여 주기
위해 하나님은 낮에는 구름기둥으로, 밤에는 불기둥으로
알려주셨어요. 낮에는 너무나 뜨거운 광야에서 구름기둥은
시원한 그늘이 되어 주었을 거예요. 밤에는 너무나 추운
광야에서 불기둥은 이스라엘 백성들을 따뜻하게 해주었을
거예요. 하나님은 참 친절하세요.
어른들이 저보고 이다음에 어떤 사람이 될 건지를 물어볼 때가
있어요. 전 아직 잘 모르겠어요. 제가 어떤 학교를 가고, 어떤
사람이 되어야 할지, 하나님께서 잘 인도해 주세요. 밤에도
낮에도 잘 알아듣도록 말씀해 주세요.

이렇게 이스라엘 모든 백성들은 그 여정
동안 여호와의 구름이 낮에는 성막을
덮고 밤에는 불이 구름 속에 있는 것을
보았습니다(출 40:38).

67

나람 대닌 죽은 동물들

사람들이 지은 나쁜 죄를 용서받기 위해서 소, 양,
염소, 비둘기 같은 동물들이 대신 죽임을 당하고 피를 흘리고
불에 타야만 했어요. 만약 제가 지은 나쁜 죄 때문에 우리 집
멍멍이와 야옹이가 죽고, 피 흘리고 불에 타야 한다면
너무나 마음이 아플 것 같아요.
예수님이 저를 용서하고 하늘나라로 데리고 가시려고
십자가에서 죽으셨다는 것은 언제나 제 마음을 아프게
해요 예수님, 고마워요. 그리고 사랑해요.

제사장은 그것을 제단으로 가져가서 새의 머리를 비틀어
끊고 제단 위에서 불태워야 한다. 새의 피는 제단 옆에
흐르게 해야 한다(레 1:15).

2월 / 28일

혼자 다 먹으면 안 돼요

땅에 심은 곡식을 다 거두지 말며 포도밭의 포도도 다 따지
말고 조금 남겨두라고 하나님은 말씀하셨어요. 그래서
가난하고 배고픈 사람들이 거두어서 먹을 수 있게 하신 거예요.
엄마 아빠도 세상에 배고픈 아이들이 많이 있다고 하시면서
저보고 그 친구들을 위해 기도하라고 하셨어요. 하지만 저는 자
주 잊고 욕심 부릴 때가 있어요.
저 혼자 맛있는 음식을 다 먹으려고 욕심을 부리지 않게
도와주세요. 배고픈 친구들을 도와 주셔서 먹을 것과 입을 것을
보내주세요.

네 포도원의 포도를 전부 따지 말며 추수하다 떨어진
포도송이를 남김없이 모으지 마라. 너희는 그것들을
가난한 사람들이나 외국 사람들을 위해 남겨 두어라.
나는 너희 하나님 여호와다(레 19:10).

3
March

너는 세상 그 무엇보다
아름답단다

3월 / 1일

두려워하지 말라

모세는 장차 들어갈 땅, 가나안에 대해 알아보려고 열두 명의 정탐꾼을 보냈어요. 그들 중에 열 명이 "땅은 무척 좋지만 그 곳에서 사는 사람들은 다 거인들이고 우리가 싸우면 다 죽을 것이다"라고 보고를 하자 백성들은 두려워하면서 불평을 하고 이집트로 돌아가자고 했어요. 하지만 여호수아와 갈렙은 "그들을 두려워하지 말라. 그들은 우리의 밥이다. 하나님이 함께 하신다"라고 담대하게 선포했어요.

예수님, 저도 큰 개가 짖으면 무섭고, 깜깜한 밤에 혼자 있는 것도 두려워요. 저에게 여호수아와 갈렙 같은 용기와 믿음을 주셔서 두려움을 이길 수 있도록 도와주세요.

제발 여호와께 반역하지 마십시오. 그 땅 사람들을 두려워하지 마십시오. 그들은 우리의 밥입니다. 그들의 보호자는 그들을 떠났고 여호와는 우리와 함께 계십니다. 그들을 두려워하지 마십시오(민 14:9).

72

모세의 중보기도

이스라엘 백성들이 하나님을 믿지 않고
심하게 불평하며 원망하자 하나님은 백성들을
심판하려고 했어요. 그러자 모세는 백성들을 위해
하나님께 용서해 달라고 간절하게 기도했어요. 하나님은
모세의 기도를 들으시고 백성들을 용서해 주셨어요.

예수님, 어린 친구들을 때리고 잘 돌보지도 않는
어른들을 용서해 주세요. 그 분들이 모두 회개하고
예수님을 섬겨서 착한 사람들이 되게 도와주세요.

주께서 이 백성이 이집트에서 떠난 그때부터
지금까지 이들을 용서해 주신 것처럼 주의
크신 사랑을 따라 이들의 죄를 용서해 주시길
바랍니다(민14:19).

구리 뱀을 쳐다보라

이스라엘 백성들이 광야 길이 험하고 먹을 것도 많지
않으니깐 또 불평했어요. 하나님이 주신 만나도
지긋지긋하다고 하면서 원망했어요. 그래서 하나님은
독사를 보내셔서 많은 사람들이 물려서 죽게 했어요.
백성들은 잘못했다고 용서를 구했어요. 그래서 하나님은
구리 뱀을 장대에 매달아 놓게 하시고 그것을 쳐다보는
사람들은 다 낫게 해주셨어요.
치료방법이 참 쉬웠어요.

구리 뱀을 쳐다만 보아도 치료해 주시는 예수님!
예수님의 이름만 불러도 구원해 주시는 예수님!
저의 작은 목소리로 기도해도 언제나
들어 주시는 예수님!
감사해요. 사랑해요.

여호와께서 모세에게 말씀하셨습니다.
"뱀을 만들어 막대 위에 달아라.
누구든 뱀에 물린 사람은 그 뱀을 보면
살게 될 것이다"(민 21:8).

74

나귀에게 혼나는 발람

모압 왕 발락이 선지자 발람에게 많은 돈을 줄 테니 자기에게 와서 이스라엘 백성들을 저주하라고 시켰어요. 발람은 하나님께서 가지도 말고 저주하지도 말라고 말씀을 하셨는데도 불구하고 돈에 욕심이 생겨서 나귀를 타고 발락에게 가고 있었어요. 하지만 천사가 칼을 들고 발람을 죽이려고 길에서 기다리고 있는 것을 본 나귀는 발람을 떨어뜨려서 그를 살렸어요. 그것도 모르는 발람은 나귀를 때리기만 했어요. 사람이 짐승만도 못한 것은 참 슬픈 일이에요.

하나님, 제가 욕심꾸러기가 되어서 하나님의 말씀도 안 듣고
천사도 못 보는 일이 없도록 도와주세요.

나귀는 나를 보고 세 번이나 내 앞에서 비켜섰다. 만약 이
나귀가 비켜서지 않았다면 틀림없이 지금쯤 내가 너는
죽이고 나귀는 살려 주었을 것이다(민 22:33).

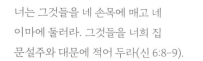

너는 그것들을 네 손목에 매고 네 이마에 둘러라. 그것들을 너희 집 문설주와 대문에 적어 두라(신 6:8-9).

3월 / 5일

하나님의 말씀을 기억하라

하나님은 이스라엘 백성들에게 세상에 단 한분이신 하나님만 모든 마음을 다해 사랑하라고 명령하셨어요. 하나님의 말씀을 늘 기억하라고 하시면서, 말씀을 적은 종이를 손에 매고 이마에 붙이고 집 대문에도 붙여 놓으라고 하셨어요. 그런데 놀라운 것은 이스라엘 백성들이 실제로 그렇게 대문에 붙이고 이마에도 붙이고 다녔다는 거예요.

하나님, 제가 하나님의 말씀을 잘 외우지 못해요. 제가 열심히 말씀을 메모지에 쓰고 기억하려고 노력할게요. 도와주세요.

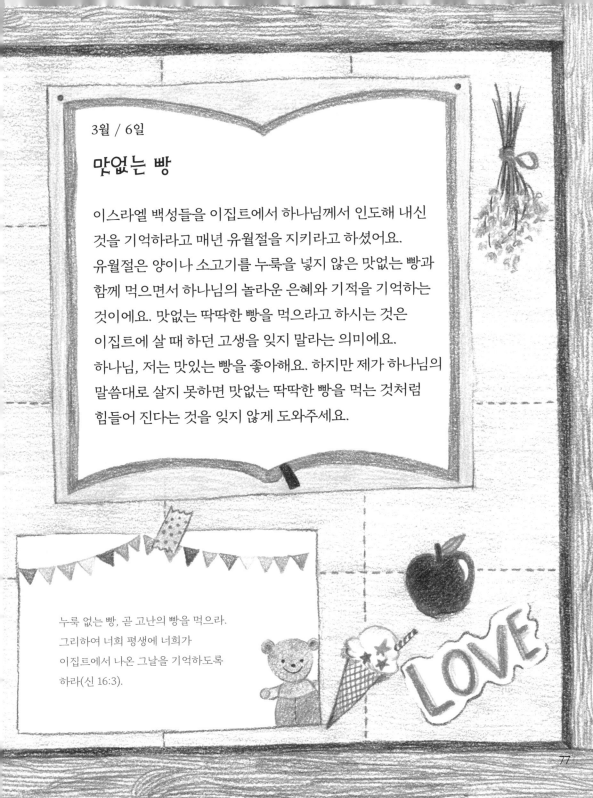

3월 / 6일

맛없는 빵

이스라엘 백성들을 이집트에서 하나님께서 인도해 내신
것을 기억하라고 매년 유월절을 지키라고 하셨어요.
유월절은 양이나 소고기를 누룩을 넣지 않은 맛없는 빵과
함께 먹으면서 하나님의 놀라운 은혜와 기적을 기억하는
것이에요. 맛없는 딱딱한 빵을 먹으라고 하시는 것은
이집트에 살 때 하던 고생을 잊지 말라는 의미에요.
하나님, 저는 맛있는 빵을 좋아해요. 하지만 제가 하나님의
말씀대로 살지 못하면 맛없는 딱딱한 빵을 먹는 것처럼
힘들어 진다는 것을 잊지 않게 도와주세요.

누룩 없는 빵, 곧 고난의 빵을 먹으라.
그리하여 너희 평생에 너희가
이집트에서 나온 그날을 기억하도록
하라(신 16:3).

붉은 줄

여호수아가 두 명의 정탐꾼을 여리고 성에
보냈어요. 그들이 라합의 집에 있을 때에
발각이 되어서 군인들이 잡으러 왔어요. 그
때 라합은 두 사람을 숨겨주고 위로의 말을
하며 무사히 도망갈 수 있도록 친절하게
도와주었어요.
두 정탐꾼은 라합에게 집안에 가족을
모으고 창 밖에 붉은 줄을 걸어두면 여리고
성이 함락될 때 안전할 것이라고 했어요.
이는 마치 첫 번째 유월절에 양의 피가
발라져 있는 집에 있는 사람들만 살 수
있었던 것과 같아요.

저도 어려움에 처한 사람들을 친절하게
돕는 사람이 되게 도와주세요. 그리고
제 마음을 예수님의 보혈로 덮어주셔서
감사해요.

우리가 이 땅에 들어올 때 우리를 내려
보낸 이 창문에 붉은 줄을 매어 놓아야 할
것이오(수 2:18).

요단 강

이스라엘 백성들이 가나안 땅에 들어가려고 했지만 앞에
커다란 요단강이 있어서 건너기가 힘들었어요.
그 때 하나님은 모세를 통해 홍해를 걸어 지나간 것처럼
여호수아를 통해 언약궤를 맨 제사장이 요단강에 서
있으면 흐르던 강물을 멈추게 하고 백성들이 건너가게
하셨어요. 언약궤 안에는 하나님의 말씀이 새겨져 있는
두 돌판이 있었어요.

제 앞에 어떤 막힌 담이 있어도 제 안에 말씀이 있으면
길이 생긴다는 것을 잊지 않게 도와주세요.

모든 이스라엘 백성들은 마른 땅을 건너가
마침내 온 백성이 요단 강 건너기를 다
마쳤습니다(수 3:17).

3월 / 9일

여리고 성

하나님은 여호수아에게 이상한 일을 시키셨어요. 여호수아와 백성들은 그 말씀을 따라 칠 일 동안 여리고 성을 언약궤를 메고 돌았어요. 그리고 마지막 날에는 일곱 바퀴를 돌고 나팔을 불며 크게 외칠 때 여리고 성이 그냥 무너져 내렸어요. 백성들은 힘들게 전쟁을 한 것도 아니고 다만 말씀을 순종했을 때 기적이 일어난 거예요.

하나님의 말씀을 제가 이해하기 힘들 때가 많지만 그래도 늘 순종하게 도와주세요. 그리고 저도 큰 소리로 하나님의 이름을 부르면 꼭 들어주세요.

제사장들이 양의 뿔을 길게 불 것이다. 백성들이
나팔소리를 들었을 때 모든 백성들은 함성을 질러라.
그러면 성벽이 와르르 무너져 내릴 것이니 백성들은
일제히 올라가라(수 6:5).

3월 / 10일

아간의 욕심

하나님께서 여리고 성을 취한 후에 그 안에 있는 귀한 많은 물건들을 하나님께 바치라고 명령했어요. 하지만 아간은 금과 은과 아름다운 옷을 보고 욕심이 생겨서 몰래 자기 집에 숨겼어요. 그래서 아이 성 전투에서 많은 이스라엘 사람들이 죽게 되었어요. 한 사람의 작은 욕심 때문에 많은 사람들이 목숨을 잃는 슬픔을 겪게 되었어요.

하나님께 드려야 할 헌금을 아까워하고 먹을 것을 사지 않게 해주세요. 하나님께 즐거운 마음으로 저의 헌금과 시간을 늘 드리게 도와주세요.

여호수아는 사자를 보냈고 그들은 그 장막으로 달려갔습니다. 바로 거기 장막 안에 그 물건들이 숨겨져 있었고 은은 그 밑에 있었습니다(수 7:22).

해와 달이 멈추었어요

여호수아는 하나님께서 도와주신다는 말씀을 듣고
용사들과 함께 다섯 왕의 거대한 군대들과 전투를
했어요. 적군들은 놀래서 모두 도망을 갔어요. 그들을
추격하던 여호수아는 날이 어두워지자 적군을 완전히
물리칠 수 없을 것 같아서 큰 소리로 "해와 달은 멈추어 있으라"고
선포했어요. 그러자 해는 하루 종일 높이 떠 있고 내려가지를 않았어요.
하나님은 우리가 말하는 대로 이루어주시는 분이세요.

제가 하는 모든 말을 듣고 이루어주시는 하나님!
나쁜 말이나 욕을 하지 않고 늘 좋은 말만 할 수 있도록 도와주세요.

그러자 백성이 적들에게 원수를 갚을 때까지
해는 멈춰 있었고 달도 멈춰 섰습니다.
야살의 책에 기록된 대로 해가 중천에 서서
하루 종일 지지 않았습니다(수 10:13).

3월 / 12일

드보라의 찬양

드보라는 선지자이며 백성들의 어려운 문제들을 재판해
주는 사사였어요. 하나님은 드보라에게 바락 장군을 불러서
이스라엘 백성들을 괴롭히는 가나안의 군대를 물리치라고 하셨어요. 바락은
드보라를 통해 하나님의 음성을 듣고 비록 적군이 숫자도 많고 철병거도
가지고 있었지만 용감하게 싸워서 승리를 거두었어요. 그래서 드보라는
기쁨으로 하나님을 찬양했어요.

하나님께서 제일 좋아하시는 것이 찬양이지요. 큰 소리로 언제나 저를
도와주시고 지켜주시는 하나님을 열심히 찬양할게요. 기쁘게 들어주세요.

왕들아, 들으라! 군주들아, 귀 기울이라! 내가
여호와께 노래하리라. 내가 노래하리라. 내가
이스라엘의 하나님 여호와를 찬양하리라(삿 5:3).

믿음의 증거

기드온에게 하나님은 이스라엘을 심히 괴롭히는 미디안 군대를 물리치라고
하셨어요. 하지만 겨우 300명의 군사로 거대한 미디안의 군대와 싸우라는
말씀을 잘 믿을 수가 없었어요. 그래서 기드온은 하나님께 믿음의 증거를
구했어요. 새벽에 타작마당에 있는 양털에만 이슬이 있고 땅은 마르게
해달라는 것이었어요. 진짜 그런 기적이 일어나자, 이번에는 반대로 땅에만
이슬이 있게 해달라고 했어요. 두 번의 기적을 체험한 기드온은 믿음으로
충만해서 큰 승리를 거두었어요.

제가 하나님의 말씀을 잘 이해하지 못 하거나
믿지 못할 때 혼내지 마시고 잘
알아듣고 믿을 수 있도록 많은
증거를 주세요.

보소서. 제가 타작마당에 양털을 한 뭉치 놓아 둘 것이니 만약 이슬이
양털 위에만 있고 땅바닥은 말라 있으면 주께서 말씀하신 대로 저를
통해 주께서 이스라엘을 구원하시는 줄로 제가 알겠습니다(삿 6:37).

천하장사 삼손

이스라엘의 사사 삼손은 엄청나게 힘이 센 천하장사였어요.
맨손으로 사자와 싸워서 이기고, 혼자서 천명의 블레셋 군인들을
이기고, 그 어떤 강한 줄도 다 끊어버릴 수 있었어요. 그러나
하나님을 온전히 의지하지 않고 하나님을 믿지 않는 여자를
사랑해서 두 눈이 뽑히고 죽었어요. 힘이 센 것보다 하나님을
사랑하고, 하나님을 사랑하는 사람을 사랑하는 것이 더
중요해요.

어른들은 저보고 나쁜 친구들을 사귀지 말라고
해요. 제가 그런 친구들과 노는 것을 좋아하지
말고, 그 친구들을 예수님께로 인도할 수
있도록 도와주세요.

그때 블레셋 사람들이 그를 붙잡아서 눈을
뽑아내고 그를 가사로 데려갔습니다. 그들은
그를 청동 사슬로 묶었습니다. 그는 감옥에서
맷돌을 돌리는 사람이 됐습니다(삿 16:21).

시어머니를 잘 섬기는 룻

룻은 유대인이 아닌 모압 여자였어요. 비록 이방인이었지만 룻은 자기
남편이 죽은 후에도 시어머니 나오미를 잘 모셨어요. 나오미가 이스라엘로
돌아가겠다고 하자, 룻은 자기 고향과 친척들을 다 버리고 시어머니를 따라
이스라엘로 가서 끝까지 시어머니를 잘 모시고 하나님을 섬겼어요. 유대로
가서 보아스와 재혼을 했고 결국에는 다윗의 증조할머니가 되었어요.

저도 룻처럼 끝까지 부모님에게, 할아버지 할머니에게 효도하는 아이가 될 수
있도록 도와주세요. 그분들의 말씀을 잘 듣고 순종할 수 있게 해 주세요.

자꾸 저한테 어머니를 떠나거나 어머니에게서 돌아서라고 하지
마십시오. 어머니가 가시는 곳이면 저도 갈 것이고 어머니가
머무는 곳이면 저도 머물 것입니다. 어머니의 민족이 제
민족이며 어머니의 하나님이 제 하나님이십니다(룻 1:16).

3월 / 16일

한나의 기도

한나는 아기를 낳지 못해서 괴로워했어요. 남편 엘가나가 위로해도
밥도 먹지 않을 만큼 슬퍼했어요. 그래서 한나는 성전에 나아가 울면서
"아들을 주시면 반드시 하나님께 다시 바칠게요"라고 오랫동안
기도했어요. 하나님은 한나의 눈물의 기도를 들으시고 사무엘이라는
위대한 선지자를 아들로 주셨어요. 저도 우연히 태어난 것이 아니라
엄마가 저를 달라고 하나님께 기도하여서 응답하신 거래요.
저를 위해 기도해주는 부모님을 주셔서 감사해요. 예수님도 저를 위해
하나님께 기도해 주셔서 감사해요. 언제나 기도를 들어주시는 하나님,
감사해요.

한나는 임신을 했고 때가 되자 그녀는 아들을 낳았습니다. 한나는
여호와께 구해 얻은 아들이라 해서 그 아이의 이름을 사무엘이라고
지었습니다(삼상 1:20).

저의 이름도 불러주세요

졸린 사무엘은 하품을 하면서 침대에 누워 잠을 자려고 했어요. 그런데
"사무엘아, 사무엘아!"라는 소리가 들렸어요. 사무엘은 얼른 일어나서 엘리
제사장에게 갔어요. 하지만 엘리가 부른 것이 아니었어요. 다시 "사무엘아,
사무엘아!"라는 소리가 들리자 이번에는 엘리가 가르쳐 준 대로 "말씀해
주세요. 하나님, 저는 주의 종이오니 제가 듣겠습니다"라고 대답을 했어요.
하나님은 사무엘에게 많은 것을 말씀해 주셨어요.

하나님, 저의 이름도 불러주세요. 그리고 제가 하나님께서 하시는 말씀을
들을 수 있도록 조용히 있는 법도 가르쳐주세요.

여호와께서 나타나셔서 그곳에 서서
조금 전처럼 부르셨습니다. "사무엘아,
사무엘아!" 그러자 사무엘이 말했습니다.
"말씀하십시오. 주의 종이 듣고
있습니다"(삼상 3:10).

왕의 왕이신 하나님

하나님께서 선지자와 사사들을 통하여 이스라엘을 직접 다스렸지만
백성들은 늘 불순종하고 이웃 나라들의 왕을 부러워했어요. 그래서
사무엘에게 왕을 세워달라고 요구했어요. 사무엘은 이 요구를 기뻐하지
않았고 하나님도 싫어하신다는 것을 알고 있었어요. 하지만 사무엘이 이
일로 기도했을 때 하나님은 의외로 백성들의 요구를 들어 주라고 하시면서
사울을 이스라엘의 첫 번째 왕으로 세우셨어요.

제가 만약에 하나님이 기뻐하지 않는 것을 달라고
기도하면 응답해 주시지 말고 욕심내는 저의 마음을
고쳐주세요.

여호와께서 그에게 말씀하셨습니다. "백성들이 네게
하는 말을 다 들어주어라. 그들이 너를 버린 것이
아니라 나를 버려 내가 그들의 왕인 것을 거부하는
것이다(삼상 8:7).

용감한 요나단

블레셋과 이스라엘 사이에 전쟁이 일어났어요.
블레셋은 수많은 군인과 병거와 마병이 있었지만
이스라엘 군대는 겨우 600명이었어요. 모든
이스라엘 군인들이 두려움 속에서 떨고 있을
때 요나단은 부하 한 명을 데리고 블레셋 군대
진영으로 용감하게 들어가서 많은 군인들을
물리쳤어요. 그러자 이스라엘 군인들도 용기를
얻어 힘써 싸워서 큰 승리를 거두었어요.

요나단이 상대방의 숫자를 보고도
전혀 두려워하지 않고 하나님만을
의지했기 때문이에요.
전쟁과 무서운 짐승과 가뭄 때문에 위험한
나라가 많이 있어요. 제가 커서 그런 곳에
용감하게 가서 예수님을 전하고 도와주는
사람이 될 수 있도록 도와주세요.

여호와께서 도우시면 우리는 승리할 수 있다. 여호와의
구원은 사람의 많고 적은 것에 달려 있는 것이 아니기
때문이다(삼상 14:6).

찬양하는 다윗

사울은 교만해 졌고 조급함과 욕심 때문에 하나님의 명령을 자꾸 거역했어요. 사무엘이 그런 잘못들에 대해 말해 주었지만 사울은 진심으로 회개하지 않았어요. 그래서 하나님의 영이 떠나고 어둡고 나쁜 영이 사울을 괴롭혔어요. 사울의 신하들은 다윗을 데리고 와서 나쁜 영이 사울을 괴롭게 할 때마다 찬양을 하게 했어요. 그러면 나쁜 영이 떠나가고 사울은 기분이 좋아졌어요. 다윗은 싸움도 잘하고, 말도 잘하고, 찬양도 잘하는 멋지게 생긴 소년이었어요.

제가 열심히 찬양해서 하나님도 기쁘게 해드리고 아픈 사람들도 낫게 해 줄 수 있도록 아름다운 마음과 목소리를 주세요.

하나님께서 보내신 악한 영이 사울에게 내리면 다윗은 하프를 가져와 연주했습니다. 그러고 나면 악한 영이 떠나고 사울은 회복돼 기분이 나아졌습니다(삼상 16:23).

다윗과 골리앗

블레셋에 골리앗이라는 장군이 있었어요. 그는 키가 거의 3미터나 되고 거대한 칼과 창을 가지고 있었어요. 그가 이스라엘 군인들 중에 대표를 뽑아 자기와 싸우자고 했지만 아무도 나서지 못했어요. 너무나 두려웠기 때문이에요. 그러자 골리앗은 이스라엘 군대와 하나님을 욕하고 무시했어요. 이 말을 들은 다윗은 화가 나서 물매로 돌을 던져서 그를 쓰러뜨렸어요. 저도 하나님을 욕하는 소리를 들으면 기분이 나쁠 것 같아요. 다윗이 거인 골리앗을 작은 돌멩이로 물리칠 수 있는 것처럼 저의 기도와 믿음이 작아도 위대한 일을 할 수 있도록 도와주세요.

다윗은 주머니에 손을 넣어 돌을 꺼내 그 돌을 물매로 던져 블레셋 사람의 이마를 정통으로 맞추었습니다. 돌이 그의 이마에 박히자 그는 땅에 머리를 박고 쓰러졌습니다(삼상 17:49).

다윗과 사울

다윗이 골리앗을 죽이고 항상 전투에서 승리를 하자 백성들이 사울보다
다윗을 더 좋아했어요. 사울은 질투가 나서 다윗을 죽이려고 했기 때문에
다윗은 도망을 다녀야 했어요. 어느 날 다윗은 동굴에 혼자 있는 사울을
죽일 수 있었지만 그는 하나님께서 세운 왕이고 자기에게도 잘해 준적이
있는 왕이기 때문에 그냥 보내주었어요. 사울은 그 사실을 알고 울면서
"내가 못되게 해서 미안하다"며 울었어요. 다윗은 정말 착한 마음을 가지고
있었어요.

저를 괴롭히는 친구들에게 저는 화를 내고 미워하는 마음이 있어요.
하나님, 저의 마음을 고쳐주시고 다윗과 같은 마음을 가지게 도와주세요.

사울이 "내 아들 다윗아, 네 목소리가
아니냐?"라고 말하며 큰소리로 울었습니다.
그가 또 말했습니다. "나는 너를 못살게
굴었는데 너는 내게 이렇게 좋게 대하니 네가
나보다 의롭구나"(삼상 24:16-17).

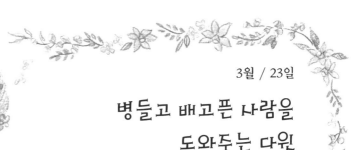

병들고 배고픈 사람을
도와주는 다윗

아말렉 사람들이 다윗과 부하들의 가족들이
있는 시글락 성을 습격해서 사람들을 다
잡아갔어요. 다윗은 급하게 부하들과 함께
아말렉 사람들을 쫓아갔어요. 시간이 없었지만 병들어서 아말렉 주인에게
버림받아 광야에서 죽어가는 이집트 사람을 도와주었어요. 그 사람이
다윗을 아말렉 사람들이 있는 곳으로 인도해서 그들을 물리치고 가족들을
되찾을 수가 있었어요. 아말렉 주인은 병든 종을 버려서 죽임을 당하고
다윗은 그 사람을 도와주어서 승리할 수 있었어요.
저는 맛있는 것을 저 혼자만 먹으려고 해요. 아프고 배고픈 사람들도
생각하고 도와줄 수 있는 착한
마음을 주세요.

다윗이 그에게 말했습니다. "너는 누구
소속이냐? 어디에서 왔느냐?" 그가
말했습니다. "저는 이집트 사람입니다.
아말렉 사람의 종이었지요. 3일
전 제가 병이 나자 주인이 저를
버렸습니다"(삼상 30:13).

3월 / 24일

춤추는 다윗

십계명 돌 판과 만나가 든 항아리 그리고 아론의 싹 난 지팡이가
있는 하나님의 궤를 다윗은 다윗 성으로 모셔오면서 너무나도 기쁜
나머지 덩실덩실 춤을 추었어요. 그런 다윗을 비웃은 미갈은 큰 벌을
받았어요. 제가 춤을 추면 어른들이 기뻐하는 것처럼 찬양하며 춤을
추면 하나님이 즐거워하세요.
사랑하는 아빠 하나님, 저는 아직은 게임하는 것이 더 재미있어요.
하지만 주님을 더 좋아하고, 찬양하는 것이 신나서 춤을 출 수 있도록
도와주세요.

다윗은 베 에봇을 입고 여호와 앞에서 온
힘을 다해 춤을 추었습니다(삼하 6:14).

다윗의 기도를 거절하신 하나님

다윗은 자기는 좋은 왕궁에서 사는 데 하나님의 궤가 있는 곳은 천막이라서 하나님께 죄송했어요. 다윗은 하나님께 크고 멋있는 성전을 지어드리겠다고 기도했어요. 하지만 하나님은 허락하지 않으시고 "아들 솔로몬이 지을 수 있도록 너는 준비만 잘 해 두어라"고 말씀하셨어요. 그래도 하나님은 다윗이 성전을 짓겠다는 말에 기분은 좋으셨어요.

아이스크림을 실컷 먹고 잘 놀 수 있도록 해달라는 저의 기도를 응답 안 해주셔서 감사해요. 조금 실망이기는 하지만 하나님이 저에게 정말 필요한 것을 더 잘 아신다고 믿을게요.

내가 네 몸에서 나올 네 자손을 일으켜 네 뒤를 잇게 하고 내가 그의 나라를 든든히 세울 것이다. 그가 내 이름을 위해 집을 세울 것이고 나는 그 나라의 보좌를 영원히 세워 줄 것이다(삼하 7:12-13).

3월 / 26일

다윗을 욕하는 시무이

다윗이 잘못해서 도망갈 때 사울의 친척인
시무이가 심하게 나쁜 말로 욕을 했어요. 다윗은
사울을 죽이지 않았지만 시무이는 다윗이 사울을 죽여서
벌을 받는 것이라고 저주를 했어요.
다윗은 억울했지만 그 욕을 받아들였어요.
그래서 하나님은 다윗은 다시 왕이 되게 하시고 시무이는 죽임을 당하게
하셨어요. 어른들도, 제 친구들도 욕을 너무 많이 해요. 저도 화가 날 때는 조금
해요.

저에게 친구들이 욕을 하면 저도 화가 나서 같이 욕을 했어요. 용서해 주세요.
좋은 말, 감사의 말을 많이 할 수 있도록 도와주세요.

시므이는 저주하며 이렇게 말했습니다.
"떠나가거라. 이 피비린내 나는 살인자야,
이 악당아!"(삼하 16:7).

3월 / 27일

마음 아파하는 다윗

아들 압살롬은 아버지 다윗을 죽이고 자기가 왕이 되려고 했어요.
다윗은 그런 압살롬 때문에 도망을 가야만 했어요. 하지만 압살롬은 결국
전쟁에서 죽게 되었어요. 자기를 죽이려고 한 압살롬이지만 그의 죽음으로
다윗은 너무나 마음이 아파서 "내 아들 압살롬아! 내가 너 대신 죽었으면
좋겠구나!"라고 하면서 울었어요.
제가 아프면 엄마 아빠도 마음 아파하시면서 밤새 간호해 주세요.

고마워요. 엄마 아빠! 제가 하나님을 기쁘시게 못해도 저를 사랑하시는 하나님!
제가 아프면 같이 마음 아파하시는 하나님! 제가 하나님의 마음을 아프게 하는
아이가 되지 않도록 도와주세요.

왕은 올라가면서 울먹이며 말했습니다. "내 아들 압살롬아,
내 아들, 내 아들 압살롬아! 내가 너 대신 죽을 수만 있었다면.
압살롬아, 내 아들, 내 아들아!"(삼하 18:33).

3월 / 28일

지혜의 왕 솔로몬

왕이 된 솔로몬은 하나님께 일천 번제를 드렸어요. 하나님은
솔로몬에게 무엇이든지 구하면 주신다고 하셨어요. 그러자
솔로몬은 백성들을 잘 다스릴 수 있는 지혜를 달라고 했어요.
하나님은 솔로몬이 돈이나 건강을 구하지 않고 지혜를 구한
것이 기쁘셔서 지혜뿐만이 아니라 그가 구하지 않은 세상에서
가장 좋은 것들을 모두 다 주셨어요.
저는 사람들을 도울 수 있는 지혜보다 재미있는 만화영화와
만화책, 그리고 멋진 자전거와 게임기를 원할 때가 많아요.
하나님, 제 마음이 바뀔 수 있도록 도와주세요.

또한 네가 구하지 않은 것, 곧 부와 명예도 내가 네게 주겠다.
그러면 네 평생에 왕들 가운데서 너와 같은 사람이 없을
것이다(왕상 3:13).

3월 / 29일

솔로몬의 기도

솔로몬이 하나님의 성전을 아름답게 지은 후에 기도했어요.
전쟁에서 지거나 가뭄이 있을 때, 죄를 지은 사람, 여러 가지 환란과 어려움을
당한 사람, 병에 걸린 사람, 하나님을 알지 못하는 사람이 성전에서 기도할 때
응답해 주시고 도와달라고 기도했어요.
그러자 하나님은 솔로몬에게
"내가 너의 기도를 들었다. 내 마음과 내 눈길이 항상 성전에 있을
것이다"라고 하셨어요.
하나님, 저는 기분이 좋을 때만 교회에 가서 예배드리고
싶어요. 하지만 이제부터는 기분이 나빠도, 화가 나도,
심심해도, 아파도 교회 가서 기도하면 꼭 들어주시고
도와주세요.

네가 내 앞에서 기도하고 간구한 것을 내가 들었다. 네가
지은 이 성전을 내가 거룩히 구별해 내 이름을 영원히 거기에
두겠다. 내 눈과 마음이 항상 그곳에 있을 것이다(왕상 9:3).

103

엘리야와 바알의 선지자

엘리야가 이스라엘 백성들 앞에서 450명의 바알의
선지자들에게 제안을 하나 했어요. 각자가 나무를 쌓고
그 위에 송아지 제물을 놓고 나서 기도를 할 때 불로
응답하는 신이 하나님이심을 나타내자는 것이었어요.
바알의 선지자들은 하루 종일 바알에게 기도를 했지만
아무 일도 나타나지 않았어요. 하지만 엘리야가 하나님께
기도하자마자 불이 내려와 송아지와 나무들을 다
태웠어요. 그 광경을 본 이스라엘 백성들은 엎드리어
"여호와 그분이 하나님이시다"라고 말했어요.
저 혼자서 450명이랑 싸우면 무서워서 도망갈 것 같아요.
하나님, 저에게 불같은 용기와 믿음을 주세요. 그래서
하나님이 살아 계시다는 것을 사람들에게 알릴 수
있도록 해 주세요.

그러자 여호와의 불이 내려와 번제물과
나뭇가지와 돌과 흙을 태웠고 구덩이에 고인
물마저 다 말려 버렸습니다(왕상 18:38).

3월 / 31일

일곱 번 기도하는 엘리야

이스라엘 땅에 오랫동안 비가 오지 않아서 많은 사람들이
힘들었어요. 엘리야는 갈멜 산 꼭대기에 올라가 엎드려서
비가 오게 해달라고 기도했어요. 그리고 사환에게 먹구름이
보이는지 알아보라고 했어요. 사환은 아무것도 보이지
않는다고 하자 다시 기도한 후에 하늘을 보라고 했어요.
일곱 번이나 반복한 후에 드디어 조그마한 먹구름이 보이고
큰 비가 내리기 시작했어요. 하나님은 한 번만 기도해도
응답하실 때가 있지만 오랫동안 기도해야 응답하실 때도
있어요.
저는 무릎을 꿇고 오랫동안 기도를 못해요. 저는 아직
어리니깐 한 번만 기도해도 응답해 주시면 안 될까요?

엘리야는 일곱 번을 "다시 가거라" 하고
말했습니다(왕상 18:43).

103

4

April

너는 세상 그 무엇보다
향기롭단다

천사를 보내시는 하나님

바알 신을 섬기는 이세벨이 엘리야가 바알 선지자 450명을
죽게 했다는 이야기를 듣고 사람을 보내서 "내일 반드시
너를 죽이겠다"라고 했어요. 이 말을 듣고 엘리야는 도망을
가다가 지치고 힘이 들자, 로뎀 나무 아래서 하나님께
생명을 거두어 달라고 기도했어요. 무서워하고 절망한
엘리야를 하나님은 꾸짖기 보다는 천사를 보내셔서 먹을
것과 마실 것을 주시고 위로해 주셨어요. 우리 하나님은 참
친절하고 따뜻하세요.
어른들의 잘못으로 배고파서 죽어가는 많은 어린
친구들이 있대요. 하나님, 그 아이들에게
천사를 보내셔서 먹을 것과 마실 것을
주시고 꼭 안아주세요.

로뎀 나무 아래 누워 잠이 들었습니다.
그때 천사가 그를 만지며 말했습니다.
"일어나서 뭘 좀 먹어라"(왕상 19:5).

106

작은 소리로 말씀하시는 하나님

엘리야는 하나님의 음성을 듣기 위해 하나님의 산 호렙
산에 서 있었어요. 하나님께서 지나가시는데 크고 강한
바람이 산을 가르고 바위를 부수었지만 그 가운에 하나님은
계시지 않았어요. 바람 후에 지진과 불이 있었지만 그
가운데서도 하나님은 계시지 않았어요. 그 후에 작은 소리
가운데 하나님의 음성이 들려 왔어요.
저의 마음이 시끄러워서 하나님의 음성을 못 듣는 일이
없게 해 주세요. 하나님, 저에게 작지만 알아들을 수
있도록 분명하게 말씀해 주세요.

지진이 물러간 뒤에는 불이 있었습니다. 그러나
여호와께서는 그 불 속에 계시지도 않았습니다.
그런데 불이 지나간 뒤에 작은 소리가
들렸습니다(왕상 19:12).

거짓말에 속는 선지자들

이스라엘 왕 아합과 유다 왕 여호사밧이 전쟁터에 가기 전에 선지자
400명에게 승리할 수 있는 지를 물어보았어요. 모든 선지자가 반드시
승리할 것이라고 예언했지만 여호사밧 왕이 믿어지지가 않는 다고 하자
아합 왕은 미가야라는 선지자를 불렀어요. 미가야는 전쟁에 나가면
아합 왕이 죽을 것이라고 예언을 했고, 그대로 이루어졌어요. 400명의
선지자들은 거짓말 하는 영에게 속은 거예요.
그들은 교만하고 아합 왕에게 잘 보이려고 했기 때문에 속았던 것이에요.
제가 거짓말에 속지 말게 해주시고, 거짓말로 사람들을 속이지도 않게
해주세요. 언제나 정직한 하나님의 아이가 될 수 있도록 도와주세요.

시드기야가 가까이 와서 미가야의 뺨을 때리며
말했습니다. "여호와의 영이 나를 떠나 어떻게
네게로 가서 말씀하셨느냐?"(왕상 22:24).

4월 / 4일

하늘로 올라가는 엘리야

그들이 계속 이야기하면서 걸어가고 있는데
갑자기 불 전차와 불 말이 나타나더니
그들 둘을 갈라놓았습니다.
그러고는 엘리야가 회오리바람에
들려 하늘로 올라갔습니다
(왕하 2:11).

에녹은 날마다
하나님의 말씀을 전하고
기도하면서 하나님과 아주
친하게 지냈어요. 그래서
하나님은 그를 죽음을 거치지 않고
천국으로 데리고 가셨어요. 엘리야도
하나님과 친하게 지내다가 어느 날 그 앞에
불 말과 불 수레가 나타나더니 회오리바람을
타고 하늘로 올라갔어요. 두 사람 모두 죽음을 거치지 않고
살아있는 몸으로 천국에 간 거예요.
저도 죽지 않고 하늘나라에 가고 싶지만 회오리바람을 타고 올라가면 좀
무서울 것 같아요. 예수님이 저에게 오셔서 저를 꼭 안고 올라가 주세요.

죽은 아이를 살리는 기도

엘리사가 말씀을 전하러 여행을 갈 때마다 한 부부가 정성껏 먹을 것을 주고
방도 마련해 주었어요. 그 부부에게 아이가 없는 것을 보고 엘리사는 고마워서
아이가 생기게 해 달라고 기도했어요. 아이는 곧 태어나서 잘 자라다가 어느 날
병으로 죽었어요. 아이의 엄마는 급하게 엘리사를 데리고 집에 왔어요. 아이가
누워있던 방에 혼자 들어간 엘리사는 아이 위에 엎드려 두 번을 기도하자
아이가 일곱 번 재채기를 한 후에 살아났어요.
죽은 아이도 살리는 기도를 저도 열심히 해서 죽어가는 많은 친구들이
살아나면 좋겠어요. 하나님, 기도하는 아이가 되게 해 주세요.

엘리사는 몸을 일으켜 방 안에서 왔다 갔다 하다가 다시
침대에 올라가 아이의 몸을 덮었습니다. 아이가 재채기를
일곱 번 하더니 눈을 떴습니다(왕하 4:35).

나아만 장군

아람의 나아만 장군은 위대한 용사였지만 나병 환자였어요. 어느 날 이스라엘의 작은 여자 종에게서 엘리사에게 가면 고침을 받을 수 있다는 말을 듣고 많은 선물을 가지고 엘리사에게 갔어요. 집 밖으로 나오지도 않고 요단강에서 일곱 번 몸을 씻으면 낫는다는 엘리사의 말에 화가 났지만 나아만 장군이 순종했을 때 그의 몸이 깨끗하게 고쳐졌어요. 나아만 장군은 고마워서 많은 돈과 선물을 엘리사에게 주려고 했지만 엘리사는 거절했어요.

하나님은 저를 사랑하셔서 아무런 대가도 없이 먹을 것과 입을 것과 많은 것을 주셨어요. 저도 아무 대가 없이 사람들을 돕는 아이가 되게 해 주세요.

그러자 그는 하나님의 사람이
말한 대로 내려가 요단강에 일곱 번 몸을
푹 담갔습니다. 그러자 그의 피부가 어린아이의
피부처럼 회복돼 깨끗해졌습니다(왕하 5:14).

불 말과 불 병거

아람 왕이 이스라엘을 침략하려고 하면 엘리사는 미리 알고 이스라엘
왕에게 말해서 준비하게 했어요. 아람 왕은 신하 중에 누군가가 적에게
자기의 계획을 알려준다고 의심했어요. 그러자 신하 중에 하나가
"그것이 아니라 왕이 침실에서 하는 말도 엘리사가 다 알고 이스라엘
왕에게 알려주는 것입니다"라고 했어요. 아람 왕은 많은 군사를 보내서
엘리사가 있는 성을 에워싸고 그를 잡으려고 했어요. 그것을 본 엘리사의
사환이 너무나 무서워하자 엘리사가 그를 위해 기도했어요. 그러자
사환의 눈에 온 성을 둘러싸고 있는 수많은 불 말과 불 병거를 볼 수
있었어요.
하나님, 저를 천군천사들로 늘 지켜주세요. 그리고 배트맨,
스파이더맨, 아이언맨보다 힘이 쎈 하나님의 용사가
되게 해 주세요.

엘리사가 기도했습니다. "여호와여, 그의 눈을 열어 보게 하소서."
그러자 여호와께서 그 청년의 눈을 여셨습니다. 그가 보니 불
말과 불 마차가 산에 가득했는데 그 불 말과 불 마차들이 엘리사를
둘러싸고 있는 것이었습니다(왕하 6:17).

히스기야의 눈물의 기도

히스기야 왕이 병이 들자 선지자 이사야는 "네가 그 병으로
죽을 것이다"라고 했어요. 이 말을 듣고 히스기야 왕이 벽을
향해 통곡하며 하나님께 "제가 주님 앞에서 선하게 행한 것을
기억하소서"라고 기도하자, 하나님은 다시 이사야를 보내서
"내가 너의 기도를 들었고 네 눈물을 보았다. 내가 네 날을 15년을
더할 것이다"라고 하셨어요. 그리고 이사야가 무화과 반죽을
히스기야 왕의 상처에 놓자 병이 나았어요.
하나님, 저는 왜 다치고 병들고 죽어야 하는 지를 잘 모르겠어요.
하지만 아무리 아파도 원망하고 짜증내기 보다는 기도하는
아이가 되게 해 주세요.

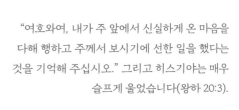

"여호와여, 내가 주 앞에서 신실하게 온 마음을
다해 행하고 주께서 보시기에 선한 일을 했다는
것을 기억해 주십시오." 그리고 히스기야는 매우
슬프게 울었습니다(왕하 20:3).

야베스의 기도

야베스는 태어날 때부터 많은 병과 어려움이 있었던 것 같아요. 하지만 그는 기도하면 하나님의 놀라운 도움과 축복을 받을 수 있다는 것을 믿었어요. 그는 하나님의 큰 손으로 자기를 도우서서 환란에서 벗어나 근심이 없기를 기도했어요. 특별히 그의 지역을 넓혀 달라고 기도하자 하나님은 그가 구한 것을 다 허락해 주시고 그를 존귀한 사람이 되게 해 주셨어요. 야베스는 짧게 기도했지만 놀라운 축복을 평생에 걸쳐 받았어요.

예수님, 제가 앞으로 온 세계를 다니며 예수님의 사랑을 전하는 사람이 되게 해 주세요. 저의 마음이 아주 크고 넓어지게 도와주세요.

야베스는 이스라엘의 하나님께 부르짖었습니다. "여호와께서 제게 복에 복을 주시어 제 영역을 넓혀 주십시오! 하나님의 손이 저와 함께하셔서 저를 해로운 것으로부터 지켜주시고 고통을 당하지 않도록 해 주십시오." 그러자 하나님께서 야베스가 구하는 것을 허락하셨습니다(대상 4:10).

골방에서 찬송하는 사람들

이스라엘의 12지파 중에 레위지파는 오직 하나님의 성전에서 일을 하며 이스라엘 백성들을 가르치는 사람들이었어요. 그 중에 어떤 레위지파의 지도자들은 골방에 거주하면서 낮이고 밤이고 찬송하면서 다른 일은 하지 않았어요. 많은 가수들이 환호하는 수많은 관중들 앞에서 노래하는 것을 좋아하지만 그들은 보는 사람도, 들어주는 사람들도 없는데 오직 하나님을 사랑하는 마음으로 찬양했어요.

하나님, 저는 집중해서 어떤 것을 오래하지 못해요. 하지만 오랫동안 기도하고 찬송해도 지루하지 않도록 도와주세요.

찬송하는 사람은 레위 집안의 우두머리들로서 성전 안에 있는 방에 머물러 있었는데 다른 일은 하지 않고 밤낮으로 자기 일을 했습니다(대상 9:33).

다윗의 용사들

다윗은 거인 골리앗과 싸워서 이긴 위대한 용사이지만 다른 나라와
싸우기 위해서 많은 용사들이 필요했어요. 그래서 그에게 모여든
많은 용사 중에 혼자서 300명의 적군과 싸워서 이긴 사람도 있었어요.
다윗이 베들레헴 성문 곁 우물물을 마시고 싶어 하자 세 명의 용사가
목숨을 걸고 블레셋 진을 돌파하고 가서 떠 온 적도 있어요. 다윗은
그들을 보면서 하나님께 감사하며 마음이 든든했을 거예요.
제가 다윗, 여호수아, 삼손처럼 하나님의 위대한 용사가 되게 해
주세요. 그리고 그런 친구들과 함께 어벤저스보다 더 강한 하나님의
군대가 되어서 세계를 지킬 수 있게 해 주세요.

사람들이 날마다 다윗을 도우러
왔으며 다윗의 군사는 큰 군대가
됐습니다. 그 모습은 마치 하나님의
군대와 같았습니다(대상 12:22).

솔로몬을 위해 준비하는 다윗

다윗이 성전을 짓겠다는 마음은 기뻐하셨지만 하나님은 허락하지
않고 아들 솔로몬이 지을 것이라고 하셨어요. 다윗은 실망하거나
화내지 않고 솔로몬이 성전 지을 때 필요한 모든 것을 풍성하게
준비해 두었어요. 저의 엄마도 언제나 제가 먹을 것을 미리미리
마켓에서 많이 사서 준비해 주세요.
저를 위해 다윗보다 훨씬 더 많은 것을 준비해 주신 하나님,
감사해요. 제가 하나님을 실망시켜드리지 않고 늘 기쁘시게
해드리는 아이가 되게 하여 주세요.

다윗이 말했습니다. "내 아들 솔로몬은 아직 어리고
경험이 없다. 그러나 여호와를 위해 지어야 할 그 집은
아주 크고 아름다워서 모든 나라들이 보기에 대단한
명성과 영광을 지녀야 한다. 그러므로 내가 그것을 위해
준비할 것이다" (대상 22:5).

기도와 찬송의 힘

세 나라의 군대가 연합해서 유다 땅에 쳐 들어온다는 이야기를 들은
여호사밧 왕은 두려웠어요. 그래서 백성들과 함께 금식하며 "하나님, 우리는
이 큰 군대와 싸울 능력도 없고 어떻게 할 줄도 모릅니다. 다만 주님만
바라봅니다"라고 기도했어요. 하나님께서 승리하게 도와줄 것이라는 응답을
받은 여호사밧이 군대 앞에 성가대가 앞장서서 행진하며 하나님을 크게
찬양하게 하자 적군들은 자기들끼리 싸우다가 다 죽임을 당했어요. 참으로
기도와 찬양의 힘은 놀라워요.
사랑하는 하나님, 저도 무엇을 어떻게 해야 할지 모를 때가 있어요. 기도하며
하나님의 도움을 기다릴 수 있도록 도와주세요.

그들이 노래하며 찬송을 시작하자 여호와께서 유다에 침입한
암몬과 모압과 세일의 군사들을 칠 복병을 숨기시고 그들을 치게
하셔서 그들이 패했습니다(대하 20:22).

에스라의 결심

이스라엘 백성들이 하나님의 말씀대로 살지 않고 우상을 섬기고 죄를 지었기 때문에 하나님은 그들이 바벨론이라는 나라에 포로로 끌려가서 오랜 세월동안 지내게 하셨어요. 그 후에 백성들을 불쌍히 여긴 하나님은 바벨론에서 고향 땅 유다로 돌아오게 했어요. 그 중에 율법 학자 겸 제사장 에스라는 하나님의 말씀을 잘 연구하여 백성들을 가르치고 그 말씀대로 살게 함으로 다시는 나라가 망하고 포로로 끌려가는 일이 없게 하겠다고 결심했어요. 제가 자기 전에 그리고 아침에 일어나자마자 기도하는 것을 약속할게요. 이 약속을 잘 지킬 수 있도록 도와주세요. 예수님, 꼭이요.

에스라는 이전부터 여호와의 율법을 연구하고 지키며 이스라엘에게 율례와 규례를 가르치겠다고 마음을 정했습니다(스 7:10).

안전한 여행

에스라가 백성들과 함께 유대로 돌아올 때에 바벨론 왕에게 무사히 고향으로
갈 수 있도록 지켜줄 군사를 달라고 하지 않았어요. 에스라는 왕에게 하나님은
자기를 의지하는 자를 지키시는 분이라고 말했기 때문이에요. 하지만 아무
군사도 없이 그렇게 먼 길을 간다는 것은 위험한 일이기 때문에 에스라와
백성들은 금식하며 기도를 했어요. 하나님은 그 기도를 들으셔서 안전하게
고향으로 돌아오게 해 주셨어요.
제가 길을 걸어갈 때도, 자전거를 탈 때도, 차를 타고 갈 때도 언제나 저를
지켜주시는 하나님, 제가 어디를 가든지 늘 함께 해주시고 다치지 않게 보호해
주세요.

그래서 우리가 이 일을 두고 금식하며
하나님께 기도했더니 하나님께서 우리 간청을
들어주셨습니다(스 8:23).

느헤미야의 기도

느헤미야는 바벨론에 끌려간 포로였지만 바벨론 왕을 섬기는 높은 관직에
있었어요. 어느 날 그는 고향 땅 예루살렘 성이 다 불타서 무너졌다는 이야기를
들었어요. 성이 없으면 불이나 홍수가 날 때, 사나운 짐승이나 전쟁이 날
때 아무런 보호가 없는 것이에요. 느헤미야는 너무 슬퍼서 금식하고 울며
기도했어요. 하나님은 그 기도를 들으시고 느헤미야가 예루살렘으로 가서
성을 다시 쌓을 수 있도록 하셨어요.
저의 기도를 언제나 들어주셔서 감사해요. 제가 슬플 때도 기도하는 것을 잊지
않게 해 주세요. 하나님은 저의 기도를 들으시고 다시 웃을 수 있게 해 주시는
분이신 것을 제가 잊지 않도록 도와주세요.

주의 종들인 이스라엘 백성들을 위해 주의 종이 밤낮으로 주 앞에
기도하니 주께서는 귀를 기울이고 눈을 떠서 이 기도를 들으소서.
저와 제 조상의 집을 비롯해 우리 이스라엘 족속이 주님을 거역했던
죄를 고백합니다(느 1:6).

하나님께 상 받기를 원하는 느헤미야

많은 어려움과 방해가 있었지만 느헤미야는 예루살렘 성을 잘 건축했어요.
그는 성을 건축하면서 월급도 받지 않았고 오히려 자기의 재산을 다 써가면서
성을 건축했어요. 그리고 제사장들이 성전에서 예배를 잘 드리게 했고
백성들이 하나님의 말씀대로 살게 했어요. 그 모든 좋은 일을 느헤미야는
하나님께서 꼭 기억하시고 상을 달라고 기도했어요.
느헤미야는 상 받는 것을 좋아했나 봐요. 사실은 저도 상 받는 것을 좋아해요.
저는 받고 싶은 상이 많이 있어요. 그러나 상을 받으려고만 하지 말고 상을
받을 수 있는 일을 많이 하는 아이가 되도록 도와주세요.

정해진 때에 땔감을 드리는 일과 첫
열매를 드리는 일을 하게 했습니다.
하나님이여, 저를 기억하고 은총을
내리소서(느 13:31).

왕후 와스디

아하수에로는 거대한 나라 페르시아의 왕이었어요. 그는 성의 모든 백성들을
위해 칠일동안 커다란 잔치를 베풀었어요. 잔치 중에 왕은 기분이 좋아져서
와스디 왕후를 불렀어요. 왕후의 아리따움을 신하와 백성들에게 자랑하고
싶었기 때문이에요. 하지만 와스디 왕후는 그 때 여인들을 위해 따로 잔치를
벌이고 있었어요. 왕후가 왕의 말에 순종하기가 싫어서 가지 않자 왕은 화가
나서 와스디의 왕후의 지위를 폐하고 왕궁에서 쫓아 버렸어요.
제가 재미있게 텔레비전을 보거나 한참 놀고 있는 데, 엄마 아빠가 교회에
가자고 하면 싫어할 때가 있어요. 죄송해요. 하나님, 제가 부모님과 하나님의
말씀에 늘 순종하고 교회 가는 것이 제일 재미있게 해 주세요.

그러나 내시들이 전달한 왕의 명령에도 와스디 왕비는
오기를 거절했습니다. 그러자 왕은 격노해 화가
불붙듯 했습니다(에 1:12).

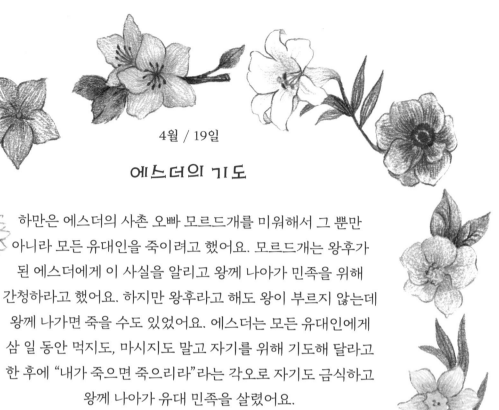

4월 / 19일

에스더의 기도

하만은 에스더의 사촌 오빠 모르드개를 미워해서 그 뿐만
아니라 모든 유대인을 죽이려고 했어요. 모르드개는 왕후가
된 에스더에게 이 사실을 알리고 왕께 나아가 민족을 위해
간청하라고 했어요. 하지만 왕후라고 해도 왕이 부르지 않는데
왕께 나가면 죽을 수도 있었어요. 에스더는 모든 유대인에게
삼 일 동안 먹지도, 마시지도 말고 자기를 위해 기도해 달라고
한 후에 "내가 죽으면 죽으리라"라는 각오로 자기도 금식하고
왕께 나아가 유대 민족을 살렸어요.

저는 배고픈 것을 잘 못 참아요. 하지만 우리나라를 위해 한
끼만 금식해 볼게요. 그 대신에 제 기도를 꼭 들어주셔서
우리나라의 많은 사람들을 구원해 주세요.

저를 위해 금식해 주십시오. 3일 동안 밤낮으로 먹지도 마시지도
마십시오. 저와 제 하녀들도 그렇게 금식할 것입니다. 그러고 나서
비록 법을 어기는 일이지만 제가 왕께 나가겠습니다. 제가 죽게 되면
죽겠습니다(에 4:16).

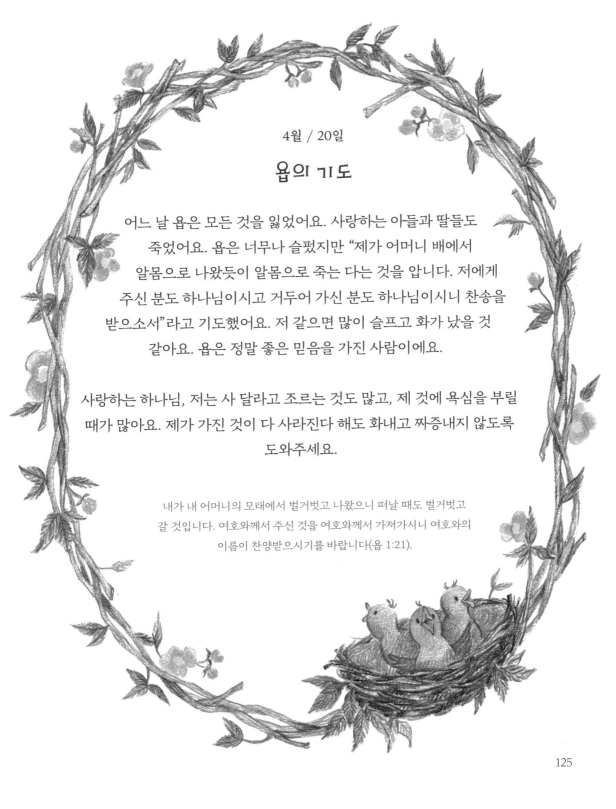

4월 / 20일

욥의 기도

어느 날 욥은 모든 것을 잃었어요. 사랑하는 아들과 딸들도
죽었어요. 욥은 너무나 슬펐지만 "제가 어머니 배에서
알몸으로 나왔듯이 알몸으로 죽는 다는 것을 압니다. 저에게
주신 분도 하나님이시고 거두어 가신 분도 하나님이시니 찬송을
받으소서"라고 기도했어요. 저 같으면 많이 슬프고 화가 났을 것
같아요. 욥은 정말 좋은 믿음을 가진 사람이에요.

사랑하는 하나님, 저는 사 달라고 조르는 것도 많고, 제 것에 욕심을 부릴
때가 많아요. 제가 가진 것이 다 사라진다 해도 화내고 짜증내지 않도록
도와주세요.

내가 내 어머니의 모태에서 벌거벗고 나왔으니 떠날 때도 벌거벗고
갈 것입니다. 여호와께서 주신 것을 여호와께서 가져가시니 여호와의
이름이 찬양받으시기를 바랍니다(욥 1:21).

125

욥의 두려움

욥은 정직하고 하나님을 경외하는 의로운 사람이었지만
두려워하는 것이 있었어요. 많은 재산을 잃을 까봐 두려워하고,
사랑하는 자식들에게 무슨 일이 생길 까봐 두려워하며, 자신이
병에 들을 까봐 무서워했어요. 신기한 것은 그가 두려워하던
것들이 다 그대로 이루어졌다는 것이에요. 욥은 믿음이 좋은
사람인데 왜 안 좋은 것들만 생각했을 까요?

저는 길을 잃어버리고 혼자 있는 것이 두려워요. 하지만 그런 안
좋은 생각은 다 버리고 예수님이 제 손을 잡고 계신 것을 생각하고
믿을 수 있도록 도와주세요.

내가 그토록 두려워하던 것이 내게 닥쳤고 내가
무서워하던 일이 내게 일어났구나(욥 3:25).

욥의 믿음

욥은 늘 동행하시는 주님을 볼 수 있었고 하나님의 말씀대로
순종하며 언제나 바른 길로 갔어요. 욥은 모든 어려움을 통해 더욱
빛나고 좋은 하나님의 사람이 될 것이라고 믿었어요. 그는 어떤
맛있고 좋은 음식보다도 하나님의 말씀을 소중히 여겼어요.

저는 아직 말씀보다는 맛있는 피자와 아이스크림이 더 좋은 것
같아요. 죄송해요. 저는 성경 읽는 것을 까먹을 때가 있지만, 밥 먹는
것을 까먹은 적은 없어요. 제가 성경 읽는 시간이 제일 재미있게 해
주세요.

나는 그분의 입술의 계명을 떠나지 않았고 그분의
입에서 나오는 말씀을 꼭 필요한 양식보다 귀하게
여겼네(욥 23:12).

친구들을 위해 기도하는 욥

욥이 어려움을 당했다는 소식을 듣고 세 친구들이 위로하려고 왔어요. 하지만 욥이 자신은 아무 잘못도 없는데 이런 아픔을 당한다는 말을 듣고 화가 나서 욥을 비난하고 조롱하고 핍박했어요. 욥은 친구들 때문에 마음이 더 아팠지만 그들을 위해 기도했을 때 하나님은 욥의 모든 고난을 없애 주시고 전보다 더 많은 재산과 아들딸들을 주셨어요.

사랑하는 아빠 하나님, 제가 좋아하는 사람들만 위해 기도하지 않고 저를 괴롭히고 힘들게 하는 친구들을 위해서도 기도할 수 있도록 좋은 마음을 주세요.

욥이 그 친구들을 위해 기도를 마치자
여호와께서는 욥의 상황을 돌이키셨고
전에 있었던 것보다 두 배로 더해
주셨습니다(욥 42:10).

4월 / 24일

다윗의 감사

다윗은 사울 왕이 죽이려고 했기 때문에 광야로, 굴속으로,
산속으로 도망 다니며 숨어 살았어요. 그래서 다윗은 안전한
집도 없었고 먹을 것도 많지 않았어요. 그렇게 살면 많이 슬프고
화도 날수 있는데 다윗은 아무것도 없어도 하나님 때문에
항상 기뻐했어요. 매일 밤 편안하게 잠도 잘 잤어요. 하나님이
안전하게 늘 지켜주실 줄로 믿었기 때문이에요.

저는 한 번도 먹을 것이 없을 까봐 걱정한 적이 없어요. 매일 잘
자고 잘 일어나요. 이 모든 것이 엄마 아빠의 사랑과 하나님의
은혜 때문이라는 것을 잊지 않도록 도와주세요.

내가 편히 눕고 자기도 하리니 나를 안전한 곳에 살게
하시는 분은 오직 여호와뿐이십니다(시 4:8).

이상한 사람들

하나님이 없다고 하면서 나쁜 일을 하는 사람들이 많이 있대요. 레고 자동차를 내가 만들었듯이, 예쁜 꽃들을, 맛있는 바나나와 수박을, 하늘의 태양과 별들을 하나님이 만드셨는데 왜 없다고 하면서 약한 사람들을 괴롭힐 까요? 참 이상한 사람들이에요.

눈을 감고 "하나님"하면 금방 하나님이 느껴지는 데, 왜 하나님이 없다고 할까요? 하나님이 지으신 아름다운 것들을 보고 먹으면서 왜 하나님을 모른다고 하는 것일까요? 그런 사람들이 하나님을 알 수 있도록 도와주세요.

어리석은 사람들은 그 마음속으로 "하나님이 없다"라고 말합니다. 그들은 썩었고 가증스러운 죄악을 저지른 사람들이며 선을 행하는 사람이라고는 하나도 없습니다(시 14:1).

아이스크림 보다 더 달콤한 성경

다윗은 성경을 읽으면 마음이 깨끗해지고, 즐거워지며, 지혜가 생긴다고
했어요. 성경을 읽으면 꿀보다 더 달콤하기 때문에 이 세상의 그 무엇보다도 더
좋아한다고 노래했어요.

정말 성경 읽는 것이 게임하는 것보다 더 재미있고 아이스크림보다 더 달콤할
까요? 전 아직 잘 모르겠어요.
친구들 하고 노는 것도 재미있지만 하나님께 기도하고 말씀을 읽는 것이 더
재미있다는 것을 제가 알 수 있도록 도와주세요.

여호와의 율법은 올바르니 마음에 기쁨을 주고 여호와의
계명은 순전해서 눈을 밝혀 줍니다... 이는 금보다,
순금보다 더 귀하고 벌집에서 뚝뚝 떨어지는 꿀보다 더
답니다(시 19:8, 10).

나의 목자 나의 예수님

목자였던 다윗은 누구보다도 목자가 어떤
사람인지 잘 알고 있었어요. 목자는 항상 양들을
돌보기 위해 맛있는 풀이 있는 초장과 물가로
인도하고 사나운 짐승들에게서 보호해 주어요.
양들을 사랑하는 목자는 목숨을 걸고 양들을
지키고 보호해 주는 것이에요. 다윗은 예수님이
그런 목자라는 것을 알았어요. 그래서 그는 아무
부족함도, 두려움도 가지지 않고 기뻐했어요.

부드럽고 하얀 털을 가진 양처럼 저도 밝고 고운
마음으로 목자 되신 예수님을 따라가고 싶어요.
무서운 이빨도 발톱도 필요 없는 착한 양이 될 수
있도록 도와주세요.

여호와는 내 목자시니 내게
부족한 것이 없습니다(시 23:1).

4월 / 28일

고아들의 아버지 하나님

부모님이 돌아가셨거나 키우기가 너무 힘들어서
고아원에서 자라는 친구들이 있어요. 부모님이
살아계시는데도 고아원에 있는 친구들은 마음이 많이
아플 것 같아요. 하지만 하나님 아빠가 그 친구들을
꼭 안아주고 필요한 모든 것들을 채워주시며 따뜻한
사랑으로 돌보아 주실 줄 믿어요.

저에게 좋은 엄마와 아빠를 주시고 좋은 집과 먹을
것을 주셔서 감사해요. 무엇보다 하나님께서 저의
하늘 아빠가 되어주셔서 감사해요.

내 부모가 나를 버릴지라도 여호와는 나를
받으실 것입니다(시 27:10).

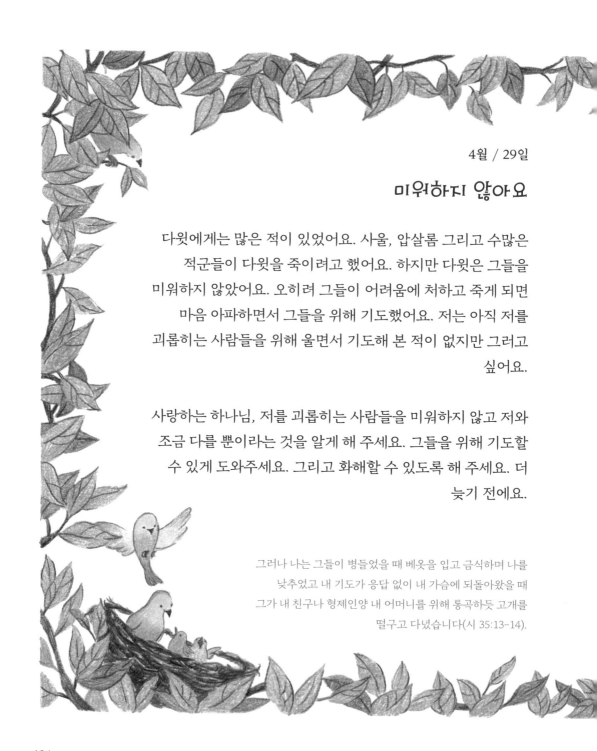

미워하지 않아요

다윗에게는 많은 적이 있었어요. 사울, 압살롬 그리고 수많은
적군들이 다윗을 죽이려고 했어요. 하지만 다윗은 그들을
미워하지 않았어요. 오히려 그들이 어려움에 처하고 죽게 되면
마음 아파하면서 그들을 위해 기도했어요. 저는 아직 저를
괴롭히는 사람들을 위해 울면서 기도해 본 적이 없지만 그러고
싶어요.

사랑하는 하나님, 저를 괴롭히는 사람들을 미워하지 않고 저와
조금 다를 뿐이라는 것을 알게 해 주세요. 그들을 위해 기도할
수 있게 도와주세요. 그리고 화해할 수 있도록 해 주세요. 더
늦기 전에요.

그러나 나는 그들이 병들었을 때 베옷을 입고 금식하며 나를
낮추었고 내 기도가 응답 없이 내 가슴에 되돌아왔을 때
그가 내 친구나 형제인양 내 어머니를 위해 통곡하듯 고개를
떨구고 다녔습니다(시 35:13-14).

134

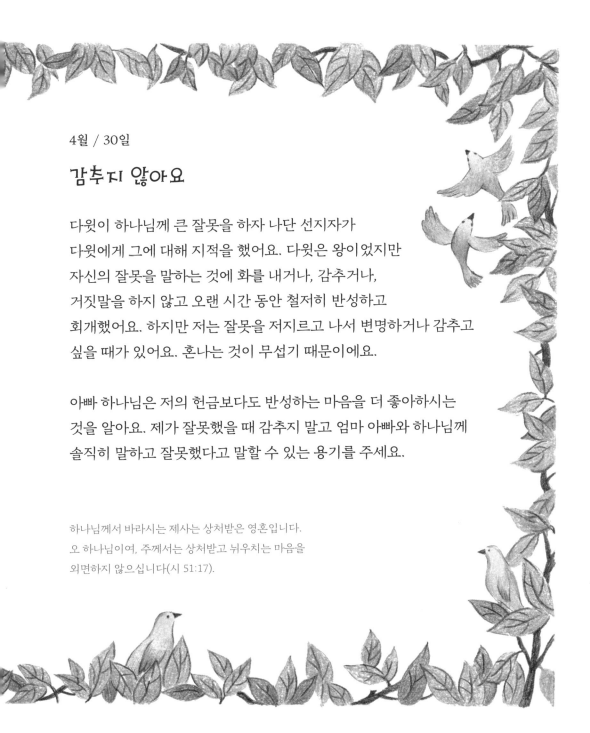

4월 / 30일

감추지 않아요

다윗이 하나님께 큰 잘못을 하자 나단 선지자가
다윗에게 그에 대해 지적을 했어요. 다윗은 왕이었지만
자신의 잘못을 말하는 것에 화를 내거나, 감추거나,
거짓말을 하지 않고 오랜 시간 동안 철저히 반성하고
회개했어요. 하지만 저는 잘못을 저지르고 나서 변명하거나 감추고
싶을 때가 있어요. 혼나는 것이 무섭기 때문이에요.

아빠 하나님은 저의 헌금보다도 반성하는 마음을 더 좋아하시는
것을 알아요. 제가 잘못했을 때 감추지 말고 엄마 아빠와 하나님께
솔직히 말하고 잘못했다고 말할 수 있는 용기를 주세요.

하나님께서 바라시는 제사는 상처받은 영혼입니다.
오 하나님이여, 주께서는 상처받고 뉘우치는 마음을
외면하지 않으십니다(시 51:17).

5

May

너는 세상 그 무엇보다
착하단다

모든 것이 하나님의 은혜와 사랑이에요

농부들이 힘써 일을 해서 먹을 것을 만들었지만, 그 모든 것을
가능하게 하신 하나님께 감사해요. 엄마 아빠가 열심히 일을 하고 저를
돌보아주시지만, 그 모든 것을 가능하게 하신 하나님께 감사해요. 저를
배에서 품으시고 이 땅에 태어나게 하신 분은 엄마이지만, 그 모든 것을
가능하게 하신 하나님의 은혜와 사랑에 감사드려요.
하늘 아빠는 제가 태어나기 전부터 저를 아셨어요. 지금까지 저를
돌보아주시고 언제나 함께 하시는 하나님, 감사해요. 사랑해요.

내가 모태에서부터 주를 의지했고 나를 내 어머니의
뱃속에서 끌어내신 분은 주시니 내가 항상 주를
찬양하겠습니다(시 71:6).

5월 / 2일

알려 두네요

왜 세상에 전쟁이 있을 까요? 왜 사람들은 사랑하지 않고 미워하고 싸울 까요?
왜 배고픈 친구들이 많을 까요? 왜 사람들은 병들어 죽어갈 까요? 왜 하나님을
섬기지도 않고 나쁜 일을 많이 하는데도 별 문제없이 건강하게 잘 살아가는
사람들이 있을 까요? 전 잘 모르겠어요. 하나님, 알려 주세요.
사랑하는 하나님, 제가 답을 몰라서 기도하면 친절하게 알려주세요. 그리고 제가
올바른 질문을 하는 법도 알려주세요.

내가 이 모든 것을 이해하려고 애쓰다가 너무 답답한 나머지 하나님의 성소로
들어가 그때서야 결론을 얻었습니다(시 73:16-17).

5월 / 3일

하나님의 집이 좋아요

저는 가족들과 함께 교회 가는 것이 좋아요. 예배드리고, 찬양하고, 춤추며,
기도하는 것이 좋아요. 교회 선생님께 하나님의 말씀을 배우는 것이 좋아요.
친구들과 교회 마당에서 노는 것이 좋아요. 무엇보다 하늘 아빠 하나님이 좋아요.
그래서 하나님의 집도 좋은 것 같아요.
제가 하나님의 집을 좋아하기는 하지만 놀이동산 가는 것이 조금 더 재미있어요.
제가 자라면서 하나님의 집을 이 세상에서 가장 좋아하게 해 주세요.

오 만군의 여호와여, 주의 장막이 얼마나 사랑스러운지요! 내 영혼이 여호와의
뜰을 애타게 그리워하다가 지쳤습니다. 내 마음과 육체가 살아 계신 하나님께
부르짖습니다(시 84:1-2).

용감하고 친절한 사람

이 세상에는 고아와 같이 힘들고 어려운 친구들을 괴롭히는 사람들이
있어요. 아이들에게 힘든 일을 시키고 때리고 죽이는 사람들이 있어요. 그런
아이들을 용감하게 구해주고 친절하고 따뜻하게 돌볼 수 있는 사람들을
하나님께서 보내주세요. 그래서 그 친구들이 하나님의 사랑을 느낄 수
있으면 좋겠어요.

나쁜 일을 하면서 하나님이 모른다고 생각하는 사람들이 있어요.
그 사람들에게 하나님은 살아계시고 모든 것을 알고 계신 분이라는 것을
가르쳐 주세요.

과부들과 나그네들을 죽이고 고아들을 살해하며
"여호와는 보지 못한다. 야곱의 하나님은 생각하지
못한다"고 합니다(시 94:6-7).

세상 모든 것이 주님을 찬양해요

아침 햇살이 하나님의 미소를 찬양해요. 저녁 붉은 놀이 하나님의
아름다움을 찬양해요. 하늘을 나는 비둘기와 종달새가 하나님의
은혜를 찬양해요. 바다의 돌고래와 펭귄이 하나님의 돌보심을
찬양해요. 땅의 개미와 메뚜기가 하나님의 친절하심을 찬양해요.

저도 큰 소리로 하나님의 사랑을 찬양해요.

나팔과 양의 뿔로 찬양하라. 왕이신 여호와 앞에 기쁨의
소리를 내어 드리라. 바다와 그 안에 있는 모든 것들과
세상과 그 안에 사는 모든 것들은 소리를 내라. 강들은
손뼉을 치고 산들은 함께 기뻐하라(시 98:6-8).

5월 / 6일

기도를 들으시는 하나님

저의 가족들은 바쁘면 제가 하는 말을 들어주지 않을 때가 있어요. 하지만
하나님은 언제나 저의 기도를 들어주셔서 감사해요.
제가 기분이 좋을 때나, 슬플 때나, 화가 날 때, 언제나 저의 기도에 귀 기울여
주시는 하나님, 사랑해요.

내가 여호와를 사랑합니다. 그분이 내 소리를 들으셨고
내 기도를 들으셨습니다. 그분이 내게 귀를 기울이셨으니
내가 사는 한 그분을 부를 것입니다(시 116:1-2).

주무시지 않는 하나님

밤에는 우리 가족 모두가 잠들어요. 강아지도 야옹이도 잠을 자요. 그리고 저도 쿨쿨 잠을 자서 주변에서 어떤 일이 일어나는지 전혀 몰라요. 하지만 하나님은 졸지도 않으시고 주무시지도 않고 제가 자는 동안 지켜주세요. 낮의 강한 햇살과 밤의 달빛에도 저를 보호하시는 하나님은 참으로 든든하고 멋져요.

제가 넘어지지 않게 저의 손을 꼭 잡아주시고 바른 길로 인도해 주시는 하나님, 제가 받은 선물 중에 최고의 선물은 바로 하나님이세요.

그분은 네 발을 미끄러지지 않게 하시리라. 너를 지키시는
그분은 졸지도 않으시리라. 이스라엘을 지키시는 그분은
졸지도 않으시고 주무시지도 않으신다(시 121:3-4).

5월 / 8일

기쁨으로 추수 단을 거두어요

봄에 농부가 씨를 뿌리기 위해서 열심히 땀을 흘리며 땅을 일구어요. 땅을 파고
돌멩이들을 거두어 내요. 씨를 뿌린 후에는 물과 거름을 주고 나쁜 벌레가 싹을
먹어버리지 않게 매일 돌보아요. 그리고 가을이 되면 기쁨으로 풍성한 추수 단을
노래하며 거두어요.
저는 매일 놀고 싶지만 열심히 기도를 심고, 착한 일을 심어서 풍성하고 멋진
열매를 거두게 도와주세요.

눈물로 씨 뿌리는 사람들은 기뻐하며 거두게 될
것입니다(시 126:5).

5월 / 9일

먹을 것을 주세요

아프리카의 여러 나라에서는 몇 년째 비가 오지 않아서 먹을 것이 없어요. 그래서
많은 사람들이 굶주리고 있어요. 비가 많이 오는 나라에서도 너무나도 가난하기
때문에 제대로 먹지 못하는 사람들이 있어요. 어른들의 잘못으로 먹지 못하고
죽어가는 어린 친구들도 있어요.
저는 한 번도 먹을 것이 없어서 슬픈 적이 없어요. 너무 많이 먹지 말라는 소리를
들어요. 그래서 먹을 것이 없는 친구들한테 미안해요. 사랑이 많으신 하나님, 그
친구들에게 먹을 것과 마실 것을 주세요. 따뜻하게 잘 수 있는 곳을 주세요.

내가 시온에게 먹을 것이 많도록 복을 주어 성의 가난한
사람들이 배부르게 먹게 할 것이다(시 132:15).

147

내 생각을 많이 하시는 하나님

하나님은 내가 앉고 서는 것을 알고 계셔요. 내가 무슨 생각을 하는 지도 알고 계셔요. 내가 길을 가는 것과 눕는 것도 알고 있으세요. 내가 어디를 가든 함께 가주시고 앞뒤로 둘러싸 주시고 손을 잡아 주세요. 언제나 저에 대한 생각이 많으세요. 하나님은 정말 저를 좋아하시는 것 같아요.

저는 머리가 작아서 하나님을 늘 생각하지 못해요. 그 대신에 하나님이 저를 좀 더 많이 생각해 주세요.

오 하나님이여, 주의 생각이 내게 너무나 귀합니다! 그 수가 얼마나 크고 많은지요!(시 139:17).

모두 다 찬양하라

내 영혼아 크신 하나님을 찬양하라. 하늘의 천사들도 그분을 찬양하라. 해와 달도 찬양하라. 빛나는 별들도 찬양하라. 땅도, 바다도, 모든 강들도 하나님을 찬양하라. 눈과 비와 번개도 찬양하라. 사과나무도, 포도나무도 우리 하나님을 찬양하라. 사자들도, 호랑이도, 독수리도, 개구리도, 딱정벌레도, 메뚜기도 하나님을 찬양하라. 그분은 우리를 지으시고 돌보시는 크신 하나님이시다.

하나님을 찬양하면 저의 마음에 기쁨이 넘쳐서 소리치고 싶어요. 제가 더욱 더 기쁨으로 하나님을 언제나 찬양할 수 있도록 도와주세요.

여호와의 이름을 찬양하라.
그 이름만이 위대하시고 그 영광이
땅과 하늘 위에 있다(시 148:13).

5월 / 12일

엄마 아빠의 말씀

엄마 아빠는 저에게 많은 것을 하라고 하세요. "일찍 자고 일찍 일어나라.
편식하지 말고 밥을 꼭꼭 많이 씹어 먹어라. 깨끗하게 씻어라. 친구들과 사이좋게
지내라. 텔레비전을 너무 많이 보지 마라. 게임을 많이 하지 마라. 기도해라."
때로는 이런 말들을 들을 때 짜증나고 순종하고 싶지 않지만 모두가 다 나를
위해서 하시는 말씀이에요.

하나님의 말씀에도, 엄마 아빠의 말씀에도 반항하고 싶은 마음을 고쳐주세요.
언제나 기쁘고 즐겁게 순종할 수 있도록 도와주세요.

내 아들아, 네 아버지의 교훈을 잘
듣고 네 어머니의 가르침을 버리지
마라(잠 1:8).

5월 / 13일

엄마 아빠의 꾸지람

제가 잘못을 하면 엄마 아빠는 꾸짖고 벌도 주세요. 그러면 저는 슬프고 화도
나고 무서워요. 하지만 반성하는 마음으로 다시 잘못을 반복하고 싶지 않아요.
엄마 아빠는 저를 사랑하시기 때문에 꾸짖고 벌을 주시기 때문이에요.

엄마 아빠가 아무 상관도 없는 아이를 꾸짖지 않는 것처럼 하나님도 저를
사랑하시기 때문에 제가 잘못하면 꾸짖는 다는 것을 잊지 않게 도와주세요.

내 아들아, 여호와의 훈계를 업신여기지 말고 그 꾸지람을
싫어하지 마라. 여호와께서는 사랑하시는 사람을 훈계하고
벌주시되 아버지가 그 기뻐하는 아들에게 하는 것과 같이
하신다(잠 3:11-12).

5월 / 14일

부지런한 개미

땅이나 나무 위에 개미들은 열심히 움직이면서 일을 하고 있어요. 일을 시키는 감독자가 없어도 안전한 집을 짓고 먹을 것을 미리 준비를 해요. 혼자서 옮기기에 힘이 들면 여러 친구 개미들이 함께 옮겨요. 하지만 저는 혼자서 제가 해야 할 일들을 하지 못할 때가 있어요. 개미에게 많이 배워야겠어요.

엄마 아빠가 시키지 않아도 제가 해야 할 일들을 혼자서 잘 할 수 있도록 도와주세요. 부지런한 아이가 될 수 있도록 도와주세요.

너, 게으름뱅이야, 개미에게 가서 그들이 하는 것을 보고 지혜를 얻어라. 개미들은 장군도, 감독도, 통치자도 없는데 여름에 먹을 것을 저장해 두고 추수 때에 양식을 모은다(잠 6:6-8).

5월 / 15일

지혜로운 아이

솔로몬은 백성들을 잘 다스리고 재판할 할 수 있는 지혜가
있었어요. 요셉은 꿈을 잘 해석하고 나라를 어려움에서 구할
수 있는 지혜가 있었어요. 다니엘도 꿈을 잘 해석하고 세상의
미래를 볼 수 있는 지혜가 있었어요.

저도 하나님을 잘 섬겨서 그러한 지혜를 가지고 싶어요. 그래서
많은 사람들을 도와주고 싶어요.

여호와를 경외하는 것이 지혜의 근본이요, 거룩한 분을
아는 것이 슬기의 근본이다(잠 9:10).

사랑하는 행복

저는 먹을 것이 많이 있으면 기분이 좋아요. 특히 맛있는 고기를 실컷 먹을 수 있으면 아주 신이 나요. 하지만 먹을 것이 없어도 하나님 아빠를 잘 믿고 섬기는 것이 가장 소중하고 행복한 것이라는 것을 잊고 싶지 않아요.

제가 힘들어도 예수님을 사랑하는 기쁨이 사라지지 않도록 해 주세요.

재산이 부족한 듯해도 여호와를 경외하는 것이 큰
재물 때문에 고민하며 사는 것보다 낫다. 사랑이
있는 곳에서 풀을 먹으며 사는 것이 서로 미워하면서
살진 송아지를 먹는 것보다 낫다(잠 15:16-17).

하나님 아빠를 잊지 않아요

저는 친구들하고 놀다가 너무 재미있어서 시간 가는 것도, 집에 가는 것도 잊을 때가 있어요. 컴퓨터와 스마트 폰으로 게임을 할 때는 밥을 먹어야 하는 것도 잊고 계속 게임만 하곤 해요. 하지만 제가 아무리 재미있고 신나는 일을 해도 하나님 아빠를 잊지 않고 언제나 사랑하고 싶어요.

사랑하는 하나님, 제가 평생에, 그리고 가장 좋은 때에 하나님을 잊지 않고 저의 사랑과 시간을 드릴 수 있도록 도와주세요.

젊은 시절에 너는 네 창조자를 기억하여라. 고통의 날들이 닥치기 전에 "인생에 낙이 없다"고 할 때가 오기 전에 해와 빛과 달과 별들이 어두워지기 전에, 비 온 후에 다시 먹구름이 끼기 전에 그렇게 하여라(전 12:1-2).

작은 여우를 잡아라

무서운 폭풍과 메마른 가뭄과 거대한 홍수가 포도원을
무너뜨리고 망칠 수 있어요. 그리고 반대로 작은 벌레나
여우도 포도나무를 갉아먹어서 열매를 맺을 수 없게 할 수
있어요. 작은 잘못된 버릇과 죄들이 하나님의 사람으로
자라나는 것을 막을 수 있어요. 그 작은 여우를 잡아서
꽃이 피게 해야 해요.

사랑하는 하나님, 제가 작은 잘못이나 안 좋은 버릇이
있다면 고칠 수 있도록 도와주세요. 그래서 가장 아름다운
하늘 아빠의 아이가 되게 해 주세요.

우리를 위해 여우들을 잡아요. 꽃이 만발한 우리
포도원을 망치려는 저 작은 여우들을 잡아요(아 2:15).

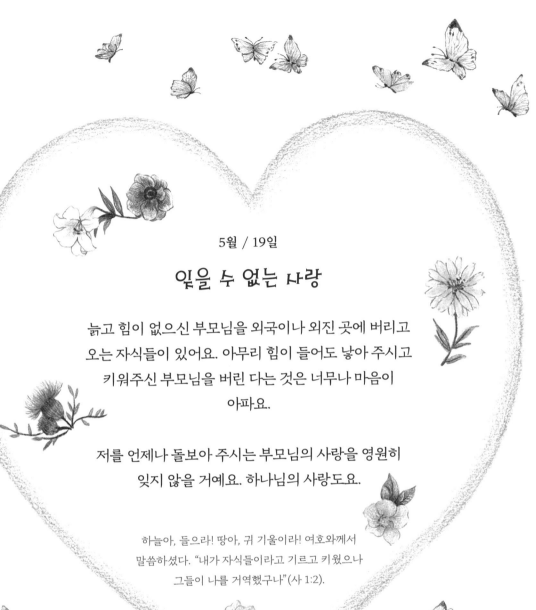

5월 / 19일

잊을 수 없는 사랑

늙고 힘이 없으신 부모님을 외국이나 외진 곳에 버리고
오는 자식들이 있어요. 아무리 힘이 들어도 낳아 주시고
키워주신 부모님을 버린 다는 것은 너무나 마음이
아파요.

저를 언제나 돌보아 주시는 부모님의 사랑을 영원히
잊지 않을 거예요. 하나님의 사랑도요.

하늘아, 들으라! 땅아, 귀 기울이라! 여호와께서
말씀하셨다. "내가 자식들이라고 기르고 키웠으나
그들이 나를 거역했구나"(사 1:2).

저를 보내주세요

이사야 선지자가 살던 시대의 이스라엘 사람들은 하나님의 말씀을 듣지 않고
악한 일을 많이 했어요. 사람들은 늘 거짓말을 하고 도둑질을 하였어요. 이사야는
성전에서 기도하다가 천국의 보좌에 앉아 계신 하나님을 보았어요. 하나님께서
"누가 우리를 위해 백성들에게 말씀을 전하러 갈까?"라고 하시는 것을 듣고 바로
"제가 여기 있습니다. 저를 보내주세요"라고 대답하였어요.

저도 이다음에 커서 하나님께서 가라고 하시는 곳에 가고 싶어요. 제가 열심히
사람들을 돕고 하나님의 말씀을 전할 수 있도록 저를 보내주세요.

내 주께서 말씀하시는 음성을 들었다. 그분이
말씀하셨다. "내가 누구를 보낼까? 누가 우리를
위해 갈까?" 그래서 내가 말했습니다. "제가 여기
있습니다. 저를 보내 주십시오!"(사 6:8).

사이좋게 지내요

예수님께서 오셔서 다스리시면 이 세상의 모든 사람과 동물들이
사이좋게 지낼 수 있어요. 늑대와 표범이 어린 양과 염소를 잡아먹지
않고 함께 살아갈 수 있어요. 어린 아이가 사자를 이끌고 다닐 수 있고,
독사를 만져도 물지도 않고, 다치지도 않아요. 서로 미워하지도 않고
잡아먹지도 않으며 사이좋게 지낼 수 있어요.

사람들끼리 싸우고 짐승들을 죽이고 미워하는 일들이 많이 있어요.
예수님! 어서 오셔서 다스려주세요. 아무도 다치지 않고 사이좋게 지낼
수 있도록 해 주세요.

젖먹이가 독사의 구멍 곁에서
장난하고 어린아이가 뱀의 굴에
손을 넣을 것이다(사 11:8).

5월 / 22일

하나님을 조롱한 산헤립 왕

이스라엘을 침략해 들어오려는 앗시리아 왕 산헤립은 유다 왕 히스기야에게
편지를 보냈어요. "그 동안 앗시리아가 수많은 나라를 침략하고 멸망시켰지만
그 나라의 신들이 지켜주지 못했다. 그러므로 이스라엘의 신도 너희를 지킬수
없다"라는 편지였어요. 히스기야 왕은 성전에 올라가서 그 편지를 펼쳐놓고
기도했어요. 하나님은 그의 군대를 전멸시키고 산헤립 왕이 자기 나라로
돌아가서 아들들에게 죽임을 당하게 하셨어요.
"하나님이 어디 있느냐?"고 조롱하는 사람들을 불쌍히 여겨 주세요. 그 사람들이
하나님을 알고 예배드릴 수 있도록 은혜를 베풀어 주세요.

네가 감히 누구를 비방하고 모독했느냐? 네가 감히 누구에게 목소리를 높이고
거만하게 눈을 치켜뜨느냐? 이스라엘의 거룩한 분이 아니냐!(사 37:23).

5월 / 23일

길을 만드시는 하나님

하나님은 저의 이름을 알고 계세요. 저에게 "너는 내 것이다. 네가 바다를 건널 때
내가 너와 함께 하겠고 네가 강을 건널 때 휩쓸려 가지 않을 것이다. 네가 불 속을
걸어갈 때 불꽃이 네 몸을 태우지 못할 것이다"라고 말씀해 주세요. 그리고 제가
가야할 길을 만들어 주시고 언제나 새롭고 놀라운 일을 만들어 주세요.
저를 언제나 지켜주시는 하나님, 감사해요. 제가 가야할 길을 알려주시고 제 손을
잡고 그 길을 함께 가주세요.

보라. 내가 새 일을 하고 있다! 이제 막 솟아나고 있는데 너희는 느끼지 못하느냐?
내가 광야에 길을 내고 사막에 강을 만들고 있다(사 43:19).

어린 양 예수님

양은 털이 깎일 때도, 죽임을 당할 때도 아무 소리도 내지 않고 그 모든 아픔을 당해내요. 예수님도 나의 잘못을 위해 못에 찔리고 나의 질병을 고치기 위해 채찍으로 맞으셨을 때 묵묵히 그 모든 아픔을 겪으셨어요. 나 때문에 예수님이 고통을 당하셨기 때문에 내가 예수님을 아프게 한 거예요. 죄송해요. 예수님!

저를 위해 채찍에 맞고 못에 찔리실 때 많이 아프셨죠. 많이 죄송하고 많이 감사해요. 예수님이 저를 위해 많이 아프셨다는 것을 잊지 않을 게요. 예수님!

그는 학대를 받고 괴롭힘을 당했지만 입을 열지 않았다. 마치 도살장으로 끌려가는 어린 양처럼, 마치 털을 깎이는 잠잠한 어미 양처럼 그는 입을 열지 않았다(사 53:7).

5월 / 25일

어린 아이라고 말하지 마라

예레미야에게 하나님은 "내가 너를 모태에서
생기게 하기 전에 너를 알았고 너를 여러
민족들을 위한 예언자로 정했다"라고
말씀하셨어요. 이 말을 들은 예레미야는 두려워서
"주님, 저는 어린 아이라서 말할 줄 모릅니다"라고
하였어요. 하지만 하나님은 "어린 아이라고 하지 마라 내가
너와 함께 할 것이다"라고 하시고 이스라엘의 위대한 선지자로
예레미야를 세워주셨어요.

하나님, 저도 어린 아이라서 말을 잘 못하지만 친구들에게 예수님
이야기를 열심히 전할 수 있도록 도와주세요.

여호와께서 내게 말씀하셨다.
"너는 어린아이라고 말하지 마라. 내가 너를
보내는 모든 사람에게 너는 가야만 하고 내가
네게 명령하는 모든 것을 말해야 한다"(렘 1:7).

5월 / 26일

토기장이 하나님

제가 찰흙을 가지고 놀 때 만들고 싶은 것을 마음껏 만들어요.
사람도 만들고, 코끼리도 만들고, 똥도 만들고, 자동차도 만들어요.
하나님께서도 저를 멋지고 아름답게 만들어 주세요. 이 세상에서
가장 하나님을 닮은 아이로 만들어 주세요. 그래서 사람들이 저를
보고 "하나님은 저렇게 생겼나봐"라고 할 수 있게요.

여호와의 말이다. 이스라엘의 집아, 내가 너희에게
이 토기장이처럼 하지 못하겠느냐? 보아라.
이스라엘의 집아, 진흙이 토기장이 손에 있는
것처럼 너희도 내 손안에 있다(렘 18:6).

5월 / 27일

듣고 싶은 말만 들으면 안돼요

선지자 예레미야는 이스라엘 백성들이 우상을 섬기고 나쁜 짓만
했기 때문에 전쟁이 일어나서 많은 사람들이 죽고 바벨론의 포로로
끌려 갈 것이라고 예언했어요. 하지만 사람들은 그 말을 듣고
회개하지 않고 오히려 예레미야를 미워하고 죽이려고 했어요.

사랑하는 하나님, 제가 듣고 싶은 말만 들으려고 하지 않게 해
주세요. 제가 잘못한 것을 들을 때는 깊이 반성하고 고치는 아이가
되게 해 주세요.

그러나 여호와께서 모든 백성에게 말하라고 명령하신 모든 것을
예레미야가 온 백성들에게 말하기를 마치자 제사장들과 예언자들과 모든
백성이 그를 붙잡고 말했다. "네가 반드시 죽어야만 한다!"(렘 26:8).

비밀을 알려주세요

예레미야가 왕의 경호원의 마당에 갇혀 있을 때 하나님은 "내게
부르짖어라 내가 크고 비밀한 일들을 알려 주겠다"라고 하셨어요.
그래서 이스라엘의 미래가 어떻게 될 것인지를 예레미야에게
하나님은 자세하게 알려 주셨어요.

사랑하는 하나님, 저는 아직 아이라서 모르는 것이 많이 있어요. 제가
열심히 기도할게요. 제가 알지 못하는 많은 것과 비밀을 자세하게
알려주세요.

내게 부르짖어라. 그러면 내가 네게 대답하겠고
네가 알지 못하는 크고 비밀스러운 일들을 네게
알려 줄 것이다(렘 33:3).

순종하는 아이

레갑 족속은 그들의 조상인 요나답의 명령대로 포도주를 마시지
않고, 집에서 살지도 않고, 천막에서 살면서 양과 염소를 길렀어요.
하나님은 레갑 족속이 조상의 말을 오랜 세월동안 잘 지키고 살지만
이스라엘 백성들은 하나님의 말씀을 순종하지 않는 것에 마음
아파하셨어요.

하나님, 제가 부모님과 하나님의 말씀에 순종하는 아이가 될게요.
마음 아파하지 마세요. 하나님, 힘내세요. 제가 있잖아요.

레갑의 아들 요나답의 자손들은 자기들에게
명령한 그들 조상의 명령을 지켰지만 이 백성은
내게 순종하지 않았다(렘 35:16).

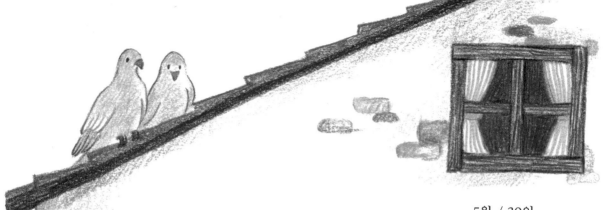

5월 / 30일

눈물의 기도

이스라엘 백성들이 하나님을 섬기지 않고 우상에게 절을 하며 나쁜
일만 해서 바벨론에게 나라가 망했어요. 수많은 사람들이 죽고
병들고 아이들은 배고픔 속에서 부르짖었어요. 선지자 예레미야는
그런 사람들의 모습을 보고 울고 또 울면서 기도했어요. 그래서 그의
별명은 '눈물의 선지자'이에요.

하나님, 저는 친구들을 위해 눈물로 기도해본 적이 별로 없어요.
하지만 병들고 배고픈 친구들을 위해 저도 눈물로 기도할 수 있도록
사랑하는 마음을 주세요.

딸 내 백성의 멸망으로 인해 내 눈에서 눈물이
강같이 흘러내립니다(애 3:48).

5월 / 31일

교회에서는 하나님께만 예배드려요

예루살렘 성전에서 여자들이 바벨론 신 담무스를 위해 울며
기도했어요. 제사장들도 성전 안에서 동쪽 태양을 향해 예배를
드려서 하나님은 몹시 화가 나셨어요. 그래서 이스라엘이 바벨론에게
전쟁에서 지고 사람들은 포로로 끌려간 것이에요.

하나님, 제가 교회에서 장난치고 게임만하지 말고 하나님께 예배를
잘 드릴 수 있도록 도와주세요.

그들은 여호와의 성전을 등지고 얼굴을
동쪽으로 향한 채 동쪽 태양을 향해 경배하고
있었다(겔 8:16).

6

June

너는 세상 그 무엇보다
지혜롭단다

하나님의 군대

에스겔은 골짜기에 마른 뼈들이 가득 있는 것을 환상으로 보았어요. 하나님의 명령대로 에스겔은 뼈들에게 살아나라고 말했어요. 그러자 뼈들이 맞붙어서 함께하고, 힘줄과 살들이 뼈 위에 올라왔고, 생기가 들어가서 하나님의 거대한 군대가 되었어요.

너무나도 먹지 못해서 뼈만 남은 친구들이 있어요. 하나님, 그 친구들에게도 말씀을 들려주시고 건강해져서 하나님의 용사들이 되게 해 주세요.

그분께서 내게 명령하신 대로 내가 예언했더니 생기가 그들 안에 들어갔다. 그러자 그들이 살아서 두 발로 일어서서는 엄청나게 큰 군대가 됐다(겔 37:10).

다니엘과 네 친구

다니엘과 세 친구들은 바벨론에 포로로 끌려갔지만 지혜로웠기 때문에
왕궁에서 교육을 받았어요. 그런데 왕이 주는 음식은 맛있고 기름졌지만
우상에게 바쳐진 음식이었기 때문에, 다니엘과 친구들은 그것을 거부하고
채소와 물만 먹고 마시기로 결심했어요. 그럼에도 불구하고 다니엘과
친구들은 왕의 음식을 먹은 사람들보다 더 건강하고 아름답게 보였어요.

하나님 보시기에 안 좋은 것들은 제가 안 먹고, 안 보고, 안 듣게 해주세요.
그래서 제가 세상에서 제일 아름답고 착한 하늘 아빠의 아이가 될 수 있게
도와주세요.

열흘이 지났을 때 그들의 얼굴을 보니 왕이 내린 귀한
음식을 먹은 젊은이들보다 훨씬 아름답고 건강하고 좋아
보였습니다(단 1:15).

그렇지 않을지라도

바벨론의 느브갓네살 왕은 커다란 금신상을 세워 놓고 모든
사람들이 절을 하라고 했어요. 만약 절을 하지 않으면 불구덩이
속에 처넣겠다고 했어요. 하지만 사드락, 메삭, 아벳느고는
우상에게 절을 하지 않았어요. 화가 난 느브갓네살 왕은
당장 절을 하지 않으면 불구덩이 속에 넣겠다고 했어요. 그
때 세 친구는 "하나님이 우리를 구원해 줄 것입니다. 그렇지
않을지라도 우리는 우상에게 절하지 않을 것입니다"라고
했어요. 느브갓네살 왕은 그들을 불구덩이에
처넣었지만 하나님께서는 무사히 살아나오게
하셨어요.

사랑하는 하나님을 제가 믿고 따라갈 때
많은 어려움이 와도 절대로 배신하거나
포기하지 않도록 도와주세요.

왕이여, 그러나 그렇지 않을지라도 우리가 왕의
신들을 섬기거나 왕이 세우신 금신상에 절하지
않을 줄 아십시오(단 3:18).

6월 / 4일

다니엘과 사자

다니엘이 높은 지위에서 일을 잘하자 시기하는 사람들은 그를 왕궁에서
쫓아내려고 했어요. 하지만 다니엘에게서 아무 잘못도 찾을 수가 없었어요.
그래서 다니엘이 하루에 세 번 기도하는 것을 보고 30일 동안 왕 외에는 어떤
신에게도 기도를 못하게 하는 법을 왕이 만들게 했어요. 다니엘은 하나님께 계속
기도를 하면 사자 굴에 던져진다는 것을 알았지만 기도하기를 멈추지 않았어요.
결국 사자 굴에 던져졌지만 하나님은 그를 사자의 무서운 이빨에서 보호해
주셨어요.

하나님! 제가 사자 굴에 들어가더라도 기도하기를 멈추지 않게 해 주세요.
그 어떤 것도 두려워하지 않고 하나님의 보호를 믿게 해 주세요.

다니엘을 사자 굴속에서 꺼내 살펴보니 몸에 상처
하나 입지 않았습니다. 이것은 그가 자기 하나님을
믿었기 때문이었습니다(단 6:23).

여호와를 알자

제가 많은 것을 알아야 한다고 어른들은 말씀하세요. 외국어도 잘 알아야 다른 나라 사람들하고 대화를 할 수 있다고 하세요. 음악과 미술도 잘 알아야 마음이 좋아진다고 하세요. 그리고 운동도 열심히 해야 튼튼해진다고 하셨어요.

저는 무엇보다도 하나님을 더 알고 싶어요. 하나님이 어떤 분이신지, 하나님의 사랑과 능력이 얼마나 큰지를 알고 싶어요.

그래서 우리가 여호와를 알자. 여호와를 알기 위해 전심전력하자. 그가 오시는 것은 새벽이 오는 것처럼 분명하다(호 6:3).

6월 / 6일

주의 영을 부으소서

사람이 나이가 많이 들면 죽는 것처럼 제가 사는 이 세상도 언젠가는 다
없어지고 하나님의 나라가 시작되어요. 그러한 일이 일어나기 전에 해가
어두워지고 달은 핏빛으로 바꾸어져요. 그 때 하나님은 모든 사람들에게, 특히
저 같은 어린 아이에게도 성령을 부어주신다고 약속하셨어요.
이 세상이 다 없어지면 좀 무서울 것 같아요. 하지만 하나님께서 부어주시는
성령으로 충만해서 더 착해지고 미리 준비할 수 있도록 도와주세요.

내가 모든 사람 위에 내 영을 부어 주겠다.
너희 아들들과 딸들이 예언할 것이고 너희
늙은이들은 꿈을 꾸며 너희 젊은이들이 환상을
보게 될 것이다(욜 2:28).

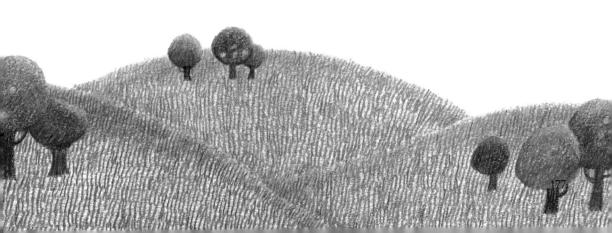

179

나는 목자요 농부에요

아모스는 예언가가 아니었어요.
그는 뽕나무를 기르는 농부요, 양떼를 기르는
목자였어요. 그가 어느 날 양떼를 돌보고 있을 때
하나님은 "내 백성 이스라엘에게 가서 예언하라"고
말씀하셨어요. 유대인이 이스라엘 땅에 가서 그들의 죄
때문에 심판을 받을 것이라고 예언하는 것은 어려운
일이었지만 아모스는 순종했어요.

제가 무슨 일을 하든지 하나님의 음성을 들을 수 있게
도와주세요. 그리고 위험하고 힘들어도 하나님께 들은
음성을 친구들에게 전할 수 있는 용기를 주세요.

양 떼를 기르고 있는 내게 여호와께서
말씀하셨다. '내 백성 이스라엘에게 가서
예언하여라(암 7:15).

동생을 괴롭히면 안 돼요

에서의 자손들은 동생 야곱의 자손들을 괴롭혔어요.
특히 유대 사람들이 외국의 침략을 받아서 아주 힘들
때 도와주지도 않고 더 괴롭게 하였어요. 그들은
요르단의 페트라라는 높은 천연 요새에 살면서 누구도
침략해 들어올 수 없는 곳이라서 안전할 것이라고
자랑했어요. 하지만 하나님은 그들을 심판하셨어요.

사랑하는 하나님, 제가 저보다 어리고 힘이 없는 동생과
친구들을 괴롭히지 않게 해주세요. 오히려 더 도와주고
사랑하고 기도할 수 있는 아이가 되게 도와주세요.

"네가 독수리처럼 높이 날고 네가 별들 사이에
둥지를 틀더라도 내가 거기에서 너를 끌어낼
것이다" 여호와의 말씀이다(옵 1:4).

179

도망치는 요나

하나님은 요나에게 니느웨로 가서 말씀을 전하라고 명령하셨어요.
하지만 요나는 니느웨 사람들을 사랑하지도 않고 위험한 일이었기
때문에 다시스로 배를 타고 도망을 갔어요. 하나님은 무서운 폭풍우를
일으켜서 요나가 탄 배가 가라앉게 하셨어요. 누구 때문에 이런 일이
일어났는가를 알기 위해 선원들이 제비를 뽑자 요나가 뽑혔어요.
요나는 "나 때문에 생긴 일입니다. 나를 바다에 던지면 폭풍우가
잠잠해질 것입니다"라고 했어요.
하나님께서 아무리 제가 하기 싫은 일을 시키셔도 제가 불순종하고
도망가지 않게 해 주세요.
저 때문에 다른 사람들이 어려움을 겪지 않도록 도와주세요.

그들은 요나를 들어서 바다 속으로
던졌습니다. 그러자 사나운 바다가
잠잠해졌습니다(욘 1:15).

물고기 배 속에 있는 요나

바다에 던져진 요나를 큰 물고기가 삼켰어요. 요나는 그 물고기
배 속에서 삼일동안 기도를 했어요. 물고기 배 속은 몹시 어둡고
안 좋은 냄새가 많이 났을 거예요. 그래도 요나가 감사의 기도를
하자 하나님은 물고기에게 요나를 땅에 토해내게 하셨어요.
물고기는 삼일동안 소화를 못해서 배가 많아 아팠을 거예요.
하나님, 제가 힘들 때 도와달라는 기도만하지 말고 감사하는 기도를
할 수 있도록 도와주세요.

내가 감사의 노래로 주께 제물을 드릴 것입니다.
내가 서원한 것을 내가 잘 지킬 것입니다. 구원은
여호와께로부터 옵니다. 그러자 여호와께서
물고기에게 명령하셨고 물고기는 요나를 땅으로
토해 냈습니다(욘 2:9-10).

말씀을 전하는 요나

하나님의 두 번째 명령에는 순종한 요나가 니느웨 성에서
"40일 후에 니느웨가 무너질 것이다"라고 선포를 하자,
왕과 모든 백성들, 심지어 짐승들까지도 아무것도 먹지
않고 회개를 하였어요. 하나님은 그들이 악한 일에서
돌이킨 것을 보고 재앙을 내리지 않았어요.

사랑하는 하나님, 저에게 잘못된 것을 말씀주실 때
싫어하거나 못들은 체 하지 않고 깊이 반성하고 돌이킬 수
있도록 도와주세요.

니느웨 사람들은 하나님을 믿었습니다. 그들은 금식을
선포하고 가장 높은 사람부터 가장 낮은 사람에
이르기까지 굵은 베옷을 입었습니다(욘 3:5).

요나를 달래시는 하나님

요나는 하나님께서 니느웨 사람들을 용서하고 재앙을 내리지
않자, 몹시 화를 내었어요. 그는 니느웨 사람들이 악하기 때문에
다 죽어야 된다고 생각한 것이에요. 그래서 하나님은 요나의
머리 위에 그늘을 주어서 시원하게 하는 넝쿨을 벌레가 먹게 해서
말라죽게 했어요. 요나는 너무나도 더워서 화를 내며 죽겠다고
했어요. 하나님은 그에게 "네가 하루 밤에 말라 죽는 넝쿨을
아꼈다. 그런데 니느웨 사람들은 12만 명이나 되는데 내가 아끼지
않겠느냐?"라고 하셨어요.

하나님, 제가 나쁜 사람들을 욕하고 미워하기 보다는 그 사람들이
변화될 수 있도록 기도하게 해주세요.

그런데 왼쪽과 오른쪽도 구별하지 못하는
사람들이 12만 명이나 있고 가축도 많이 있는
이 큰 성읍 니느웨를 내가 아끼지 않을 수
있겠느냐?(욘 4:11).

183

6월 /13일

예언자 미가

예언자 미가는 베들레헴이라는 마을에서 예수님께서
태어나실 것이라고 예언했어요. 약 700년 후에
미가의 예언대로 아기 예수님이 베들레헴 마구간에서
태어나셨어요. 성경은 또 예수님께서 이 세상에 다시 오실
것이라고 예언하였어요.

예수님, 다시 이 세상에 오실 때 꼭 저를 찾아주세요.
저는 예수님이 너무나도 보고 싶어요. 저는 예수님하고
하늘나라에서 재미있게 놀 거예요.

너 베들레헴 에브라다야, 비록 네가 유다
족속들 중 아주 작지만 이스라엘을 다스릴
사람이 너로부터 나올 것이다(미 5:2).

184

6월 /14일

하나님을 즐거워해요

하박국 선지자는 포도나무의 열매가 없고, 밭은 먹을 것을 생산하지
못해도, 우리 안에 양떼가 없고, 외양간에 소가 없다 해도, 하나님을
기뻐하고 즐거워할 것이라고 했어요. 하나님의 은혜로 평원에서 사슴처럼
뛰어 다닐 것이라고 찬양했어요.

하나님, 제가 먹을 것도 없고 장난감도, 게임기도 없다면 조금 슬프고
재미없을 것 같아요. 하지만 아무 것도 없어도 하나님은 언제나 제 곁에
계시니깐 하나님으로 인해 즐겁게 뛰어 놀 수 있도록 도와주세요.

내가 여호와를 기뻐할 것이고 내 구원이
되시는 하나님을 즐거워할
것입니다(합 3:18).

임마누엘

예수님의 또 다른 이름은 임마누엘이에요. 그 뜻은 '하나님께서 우리와 함께 하신다'이에요. 하나님은 제가 이 세상 태어날 때부터 지금까지, 그리고 앞으로도 언제나 함께 계시는 분이에요. 부모님이나 친구들은 항상 같이 있을 수 없지만 하나님은 잠시도 떠나지 않고 제 곁에서 저를 돌보시는 분이에요.

제가 혼자 있기 싫어한다는 것을 아시고 언제나 함께 해주시는 예수님, 감사해요. 저도 늘 예수님을 부르며 가까이 할 수 있도록 도와주세요.

"보라! 처녀가 임신하여 아들을 낳을 것이며, 사람들이 그의 이름을 임마누엘이라고 부를 것이다." 임마누엘은 '우리와 함께 계시는 하나님'이라는 뜻입니다(마 1:23 쉬운성경).

헤롯 왕

동방박사들이 예루살렘 왕궁에 가서 "유대 사람의 왕으로 나신 분이
어디 계십니까? 우리는 동방에서 예수의 별을 보고 경배 드리려고
왔습니다"라고 하자 헤롯 왕은 몹시 화가 났어요. 자기가 왕인데 다른
왕이 태어났다는 것이 너무나 싫어서 아기 예수님을 죽이려고 했어요.
그 일에 실패하자 헤롯 왕은 예수님이 태어나신 베들레헴 동네의 두 살
이하의 모든 남자아이를 죽였어요.

예수님을 왕으로 모시지 않고 자기 마음대로 사는 사람들이 아기들을
헤치고 있어요. 예수님, 그분들이 겸손한 마음으로 예수님을 왕으로
영접하게 해 주세요.

헤롯은 박사들에게 속은 것을 알고 매우 화가 났습니다. 그래서
사람을 보내어 베들레헴과 그 주변에 있는 두 살 아래의 모든
사내아이들을 죽였습니다. 이것은 그가 박사들로부터 알아 낸 때를
기준으로 한 것입니다(마 2:16 쉬운성경).

하나님의 말씀으로 살아요

예수님께서 광야에서 40일을 금식하신 후에 마귀가 와서 "당신이 하나님의 아들이면 돌이 빵이 되게 하라"고 시험을 했어요. 예수님은 너무나도 배가 고팠지만 "사람이 빵으로만 사는 것이 아니라 하나님의 말씀으로 산다"라고 하시면서 마귀의 제안을 물리치셨어요. 아담은 먹을 것이 많았지만 선악과를 따먹었어요. 예수님은 아무 것도 먹을 것이 없었지만 시험에서 승리하셨어요.

예수님께서 저보고 먹으라는 것을 먹고, 먹지 말라는 것은 먹지 않게 해 주세요. 언제나 예수님의 말씀에 순종하게 도와주세요.

예수님께서 대답하셨습니다. "성경에 '사람이 빵으로만 살 것이 아니라, 하나님의 입에서 나오는 모든 말씀으로 살 것이다'라고 기록되어 있다"(마 4:4 쉬운성경).

6월 /18일

하나님을 보아요

맑고 잔잔한 물을 바라보면 저의 얼굴이 보이듯이, 저의
마음이 깨끗하면 하나님을 볼 수 있어요. 파란 하늘에서,
초록빛 바다에서, 하얀 안개꽃에서, 노랑나비에서, 그리고
빨간 무당벌레에서 하나님의 얼굴을 조금씩 볼 수 있어요.

하나님을 보고 싶어요. 저의 마음을 이슬처럼 맑게 해
주세요. 하나님, 사랑해요. 많이요.

마음을 깨끗이 한 사람은 복이 있다. 그들이
하나님을 볼 것이다(마 5:8 쉬운성경).

욕을 하면 안 돼요

어른들이 욕을 많이 해요. 친구들도 욕을 할 때가 있어요.
하지만 친구에게 "바보야"라고 하는 사람은 지옥 불에 들어가요.
하나님의 자녀들에게 멍청이라고 하고 개의 자식이라고 욕을 하면
너무나 잘못된 것이에요.

친구들이 저에게 욕을 하면 우리 부모님 마음이 아프듯이 하나님도
제가 욕을 하면 마음이 아프시다는 것을 잊지 않게 도와주세요.

자기 형제에게 바보라고 하는 사람은 지옥
불에 던져질 것이다(마 5: 22 쉬운성경).

방에서 조용히 있어요

예수님께서 방에 들어가 문을 닫고 조용히 하나님께 기도하라고
하셨어요. 기도할 때는 말을 많이 하거나 반복해서 같은 말을 하지
말라고 하셨어요. 저는 혼자 있는 것을 잘 못해요. 하지만 혼자
방에서 조용히 있어야 하나님과 단 둘이 있을 수 있다는 것을
알아요.

제가 하나님과 더 많은 시간을 같이 보낼 수 있도록
도와주세요.

기도할 때에 골방에 들어가 문을 닫고, 숨어
계시는 네 아버지께 기도하여라. 숨어서
보시는 네 아버지께서 네게 갚아 주실
것이다(마 6:6 쉬운성경).

필요한 양식을 두세요

하늘에 계신 아빠, 저와 우리 가족에게 날마다 필요한 양식을 주세요.
밥을 맛있게 먹을 수 있도록 때로는 적당한 배고픔도 주세요. 맛있게
먹지만 너무 욕심을 내지는 않게 해 주세요. 언제나 배고픈 친구들을
기억할 수 있도록 도와주세요. 그리고 날마다 맛있는 음식을 주시는
하나님께 감사하는 마음을 주세요.

오늘 우리에게 필요한 양식을
주소서(마 6:11 쉬운성경).

구하면 주세요

제가 배가 고파서 엄마에게 밥을 달라고 하면 언제든지
맛있게 해 주세요. 특별히 배가 고프지는 않지만 심심해서
아이스크림을 사달라고 하면 사주세요. 제가 욕심 부리지 않고
필요한 것을 구하면 언제나 해 주세요. 하나님 아빠도 제가 기도하면
언제든지 허락해 주세요. 저를 사랑하시기 때문이에요.

제가 구하면 응답해 주시는 하나님, 감사해요. 저를 위해서만
기도하지 말고 우리 가족과 친구들을 위해 기도할 수 있게
도와주세요.

구하라, 그러면 너희에게 주실 것이다. 찾아라,
그러면 발견할 것이다. 두드려라, 그러면 문이
너희에게 열릴 것이다(마 7:7 쉬운성경).

나병 환자를 사랑하시는 예수님

한 나병 환자가 예수님께 와서 고쳐달라고 간구했어요.
예수님은 말씀만 해도 고칠 수 있었지만 그 환자에게 손을 대고 치유해
주셨어요. 그 당시에 나병은 전염이 되기 때문에 항상 사람들과 멀리
떨어져 있어야 했어요. 누구도 나병 환자에게 손을 대지 않았어요.
그것을 아시는 예수님은 아마 손을 잡아주고 따뜻한 눈으로
바라보시면서 "깨끗하게 되어라"고 말씀하셨을 거예요.
아무도 나를 안아주지도, 만지지도 않는다면 참 슬플 것 같아요.
예수님, 저를 언제나 안아주시고, 저도 아픈 사람들을 안아줄
수 있도록 도와주세요.

예수님께서 손을 내밀어 그 사람에게 대시며
말씀하셨습니다. "내가 너를 고쳐 주길 원한다.
깨끗하게 나아라!" 그러자 바로 그 사람의 문둥병이
나았습니다(마 8:3 쉬운성경).

6월 /24일

주무시는 예수님

예수님과 제자들이 배를 타고 호수를 지날 때 큰 폭풍이 일어 배 안으로 파도가
들이쳤어요. 큰 폭풍의 소리와 배를 육지로 몰고 가려는 제자들의 고함소리가
크게 들렸지만 예수님은 계속 주무시고 계셨어요. 너무나도 피곤하셨던 것
같아요. 하지만 제자들이 "살려주세요. 예수님!"라고 하자 예수님은 벌떡
일어나셔서 호수를 잔잔하게 하셨어요.

저의 목소리가 작아도 기도하면 언제나 귀를 기울여 주시고 도와주시는
예수님, 감사해요. 저도 이 세상의 그 어떤 소리보다도 예수님의 음성에 귀를
기울이게 도와주세요.

호수에 매우 거친 폭풍이 일어나, 파도가 배를
뒤덮었습니다. 그러나 예수님께서는 주무시고
계셨습니다(마 8:24 쉬운성경).

병든 자와 죽은 자를 살리시는 예수님

회당장의 딸이 죽어서 그 집으로 예수님은 가고 있었어요.
그때 12년 동안 혈루 병으로 앓던 여자가 몰래 뒤에서 예수님의
옷자락을 만졌어요. 여인은 '예수님의 옷자락만 만져도 내가 나을
것이라'고 생각했기 때문이에요. 그 여인의 믿음대로 병이 깨끗이
고쳐졌어요. 그리고 죽었던 회당장의 딸도 예수님은 다시 살려
주셨어요.

저는 아프고 죽는 것이 무섭고 싫어요. 하지만 어떤 병도 고치시고
죽은 사람도 살리시는 예수님을 믿고 더 이상 두려워하지 않도록
도와주세요.

사람들을 밖으로 내보낸 뒤, 예수님께서
들어가서서 소녀의 손을 잡았습니다. 그러자
소녀가 일어났습니다(마 9:25 쉬운성경).

6월 /26일

같이 안 놀면 슬퍼요

친구들에게 신나게 놀자고 하는 데,
싫어하고 다 가버리면 저의 마음이 슬퍼요.
세례 요한은 잘 먹지도, 마시지도 않고 열심히
전도를 하였지만 사람들은 "요한은 귀신들렸다"라고 하며
거부했어요.
예수님은 가난하고 죄 많은 사람들과 같이 먹고 마시면서
열심히 전도했지만 "저 사람은 먹보에다 술꾼이야. 게다가
세리와 죄인과도 친구가 아닌 가!"라고 하면서 거부했어요.
어떻게 해도 복음을 싫어하는 사람들을 보면 하나님의 마음이
슬플 것 같아요.
제가 열심히 하나님의 말씀을 듣고 그 말씀대로 살면서 하나님을
기쁘시게 해 드릴게요. 하나님, 슬퍼하지 마세요.

인자가 와서 먹고 마시니, 사람들이 말했다. "저
사람을 봐! 탐욕이 많은 사람이야. 저 사람은 술꾼이야.
세리와 죄인의 친구야." 그러나 지혜는 그 행한 일
때문에 옳다는 것이 증명된다(마 11:19 쉬운성경).

귀신을 쫓아내시는 예수님

눈이 멀고 말을 못하는 사람을 예수님께 데리고 와서 고쳐달라고
하자, 예수님은 그 사람 안에 있던 귀신을 쫓아 내셨어요. 그는
즉시로 보고 말을 할 수 있게 되었어요. 이것을 보고 질투한
바리새인들은 예수님이 귀신의 왕 바알세불의 힘을 빌려 귀신을
쫓아낸다고 했어요. 예수님은 "귀신이 귀신을 쫓아낼 수 없다.
나는 하나님의 영을 힘입어 귀신을 쫓아내는 것이다"라고
대답하셨어요.

저는 귀신의 이야기를 들을 때 무서워요. 하지만 예수님은 아무리
무서운 귀신도 다 쫓아내시고 평안하게 하시는 분이라는 것을
믿음으로 두렵지 않게 해 주세요.

내가 만일 하나님의 영으로 귀신을
내쫓는다면, 하나님의 나라가 이미
너희에게 온 것이다(마 12:28 쉬운성경).

6월 /28일

선한 농부가 되시는 예수님

어떤 농부가 나가서 길가와 돌밭과 가시덤불과 좋은 땅에 씨를
뿌렸지만 좋은 땅 말고는 다 열매를 얻지 못했어요. 길가는 너무
딱딱해서 새들이 씨를 먹었고, 돌밭에서는 씨가 뿌리를 깊이
내리지 못해서 햇빛에 타버렸고, 가시덤불이 싹이 나는 것을
막았기 때문이에요.

선한 농부가 되시는 예수님, 저의 딱딱한 마음을 부드럽게 해
주세요. 제 마음에 좋지 않은 돌멩이를 다 파주세요. 그리고
날카로운 가시덤불도 다 제거해 주시고 언제나 예수님의 말씀을
기쁨으로 듣고 행함으로 많은 열매를 거두게 해주세요.

좋은 땅에 떨어진 씨와 같은 사람은 말씀을 듣고 깨닫는
사람이다. 이런 사람은 열매를 맺는데, 어떤 사람은 백
배, 어떤 사람은 육십 배, 어떤 사람은 삼십 배의 열매를
맺는다(마 13:23 쉬운성경).

배불리 먹게 하시는 예수님

사람들이 예수님의 설교를 들으려고 저녁때까지 빈들에 있었어요.
제자들은 사람들이 배가 고플 테니 빨리 보내서 먹을 것을 얻게 하라고
했어요. 하지만 예수님은 빵 다섯 개와 물고기 두 마리로 5,000명이
먹고도 남을 수 있도록 기적을 베풀어 주셨어요.

예수님, 이 세상에 배고픈 친구들이 많이 있어요. 매일 굶어서 죽는
친구들도 있어요. 예수님께서 그 친구들에게도 먹을 것을 주세요.
제자들처럼 나누어 줄 수 있는 사람들을 보내 주세요.

예수께서 대답하셨습니다. "그들이 멀리 갈 필요 없다.
너희가 그들에게 먹을 것을 주라"(마 14:16 쉬운성경).

물위로 걸어오신 예수님

예수님이 산에서 기도하고 계실 때 제자들은 밤에 배를 타고 가다가 커다란
풍랑을 만났어요. 거친 바람으로 파도에 시달리고 있던 제자들에게 예수님은
새벽에 물위로 걸어오셨어요. 제자들은 유령인줄 알고 무서워서 소리를
지르자, 예수님은 "나다 안심하라"고 하셨어요. 너무나 반가운 나머지
베드로는 예수님께 자기도 물위로 걸어가게 해달라고 했어요. 예수님이
"오너라"고 하자 베드로도 물위로 걷기 시작했어요. 하지만 베드로는 바람을
보고 무서워하자 물속으로 들어가기 시작했어요.
예수님, 저도 무서운 것들을 보고 두려워하지 않고, 오직 예수님만 바라보게 해
주세요. 물위에서는 배를 타고 땅위에서는 안전하게 걸어 다니게 해 주세요.

예수께서 곧 손을 내밀어 그를 붙잡으시며
말씀하셨습니다. "믿음이 적은 사람아, 왜
의심했느냐?" (마 14:31 쉬운성경).

7

July

너는 세상 그 무엇보다
빛이 난단다

엄마의 나랑

가나안 사람인 한 엄마가 예수님께 "제 딸이 귀신들려서 괴로워하고
있어요. 고쳐주세요"라고 부탁했어요. 하지만 예수님은 아무 말씀도
하지 않았어요. 엄마가 계속 더 큰 소리로 간청하자, 예수님은 평소와
다르게 "자녀들의 빵을 가져다 개들에게 주는 것은 옳지 않다"라고
차갑게 말씀하셨어요.
엄마는 자신을 개라고 하신 말씀에 화가 날 수도 있었지만 겸손하게
"개들도 주인의 상에서 떨어지는 부스러기는 먹습니다"라고 대답했어요.
예수님은 엄마의 겸손과 믿음 그리고 딸을 향한 사랑을 보시고
고쳐주셨어요.

예수님, 딸을 위해서라면 어떤 욕을 듣더라고 끝까지 간청하는 엄마의
사랑을 잊지 않게 해주세요. 예수님이 저의 믿음을 시험할 때 합격할 수
있도록 도와주세요.

그러자 예수님께서 말씀하셨습니다.
"여자야, 너의 믿음이 크구나! 네가 원하는
대로 될 것이다." 바로 그 때, 그 여자의 딸이
나았습니다(마 15:28 쉬운성경).

빵 생각만 하면 안 돼요

누룩은 조금만 밀가루에 넣어도 크고 맛있는 빵으로 만들 수 있어요. 이렇게 작지만 커다란 변화를 일으키는 누룩을 비유로 사용하셔서 바리새인과 서기관들의 나쁜 가르침을 조심하라고 예수님은 말씀하셨어요. 그들의 잘못된 작은 가르침도 커다란 영향을 미치기 때문이에요. 하지만 제자들은 예수님이 누룩을 말씀하시자 빵에 대한 이야기로 들었어요. 제자들은 빵 생각만 했기 때문이에요.

예수님, 저도 먹고 놀 생각만 하지 말고, 열심히 성경을 읽고 어려운 친구들을 위해 기도하게 해주세요. 예수님의 말씀을 잘 알아들을 수 있도록 도와주세요.

그제서야 제자들은 빵의 누룩에 대해 말씀하시는 것이 아니라,
바리새파 사람과 사두개파 사람들의 교훈을 주의하라는
말씀인 줄 깨달았습니다(마 16:12 쉬운성경).

예수님께 혼나는 베드로

예수님께서 장로들과 대제사장들에게 많은 고난을 당하고 죽임을 당했다가
3일 만에 다시 살아나실 것을 제자들에게 말해주었어요. 베드로는 화를 내며
예수님께 "그런 일이 일어나면 절대로 안 됩니다"라고 소리쳤어요. 예수님은
"너는 나를 넘어뜨리는 걸림돌이다! 네가 하나님의 일은 생각하지 않고 사람의
일만 생각하는구나"라고 하시면서 베드로를 꾸짖으셨어요.

예수님, 엄마가 저를 임신하고 낳으실 때 많이 힘드셨대요. 저는 엄마가
아프신 게 싫지만 엄마가 아프지 않았다면 저는 태어나지 못했을 거예요. 저도
베드로처럼 예수님이 아프신 게 싫지만 예수님이 아프셔서 제가 하나님의
자녀가 되었다는 것을 알아요. 예수님, 감사해요. 사랑해요.

그러자 베드로가 예수님을 붙들고
말렸습니다. "절대로 그럴 수는 없습니다,
주님! 이런 일이 결코 일어나지 않을
것입니다!"(마 16:22 쉬운성경).

7월 / 4일

변화 산의 예수님

예수님께서 베드로와 요한 그리고 야고보를 데리고 높은 산에
올라가셨어요. 예수님은 그들 앞에서 모습이 변화돼 얼굴이 해처럼
빛나고 옷이 빛처럼 새하얗게 되었어요. 그때 모세와 엘리야가 나타나
예수님과 이야기를 나누었어요. 베드로는 변화된 예수님의 모습과
이스라엘 사람들이 가장 존경하는 모세와 엘리야가 살아있는 모습을
보고 너무나도 감격해서 그 산에서 살겠다고 했어요. 그러나 하나님은
베드로에게 "너희는 내 사랑하는 아들의 말을 들으라"고 하셨어요.

예수님, 저도 아름다운 천국과 빛나는 예수님의 얼굴을 보고 싶어요. 하지만
보는 것보다 예수님의 말씀을 더 잘 듣게 해 주시고 순종하게 도와주세요.

베드로가 말하는 동안에 갑자기 빛나는 구름이 그들 위를 덮고,
그 속에서 "이는 내가 사랑하며 기뻐하는 아들이다. 너희는 그의
말을 들어라!" 하는 소리가 들려왔습니다(마 17:5 쉬운성경).

208

아이를 고쳐주신 예수님

예수님과 세 명의 제자들이 산 밑으로 내려오자 어떤 사람이 예수님께
와서 "제 아들에게 자비를 베풀어 주십시오. 간질병에 걸려 몹시 고통
받고 있습니다. 자주 불 속에 몸을 던지고 물속에 뛰어들기도 합니다"라고
했어요. 예수님께서 귀신을 꾸짖으시자 귀신은 아이에게서 나갔고 바로 그
순간 아이가 나았어요.

사랑하는 예수님, 저도 베드로처럼 신비하고 좋은 곳에서만 살려고 하지
않고 아픈 친구들에게로 가서 도와줄 수 있는 사람이 되게 해 주세요.

예수님께서 말씀하셨습니다. "아! 믿음이 없고,
뒤틀어진 세대여! 도대체 언제까지 내가 너희와
함께 있어야 하겠느냐? 언제까지 내가 너희를
참아야 하겠느냐?
그 아이를 내게 데리고 오너라"(마 17:17 쉬운성경).

하늘나라에서 가장 큰 사람

제자들이 예수께 "하늘나라에서는 누가 가장 큰 사람입니까?"
라고 물었어요. 예수님은 어린아이 하나를 가운데 세우고
말씀하셨어요. "너희가 변화돼 어린아이들처럼 되지 않으면
결코 하늘나라에 들어갈 수 없을 것이다. 그러므로 누구든지 이
어린아이와 같이 자신을 낮추는 사람이 하늘나라에서 가장 큰
사람이다."

예수님, 저의 몸은 어른처럼 커져도 언제나 겸손한 어린 아이의
마음을 가지게 해 주세요.

이 어린아이처럼 자신을 낮추는 사람이
하늘나라에서 가장 높은 사람이다(마 18:4 쉬운성경).

어린 아이를 소중히 여기시는 예수님

어린 아이를 소중히 여기시는 예수님께서 말씀하셨어요. "누구든지 내 이름으로 이런 어린아이 하나를 영접하면 나를 영접하는 것이다. 누구든지 나를 믿는 이런 어린아이 가운데 한 명이라도 죄를 짓게 하는 사람은 큰 맷돌을 목에 달아 깊은 바다에 빠뜨리는 편이 차라리 나을 것이다."

예수님, 먹지도 못하고, 학교도 못가고, 힘들게 하루 종일 일만 해야 하는 어린 친구들이 있어요. 그 친구들이 소중히 여김을 받고 사랑받을 수 있도록 어른들의 마음을 바꾸어 주세요.

누구든지 내 이름으로, 이와 같은 어린아이를 환영하는
사람은 나를 환영하는 것이다(마 18:5 쉬운성경).

어린 아이를 위해 기도해 주시는 예수님

사람들이 예수님께 어린아이들을 데리고 와서 기도해 주시기를 원했어요.
그러자 제자들이 그들을 꾸짖었어요. 예수님은 "어린아이들을 내게 오게
하라. 그들을 막지 마라. 하늘나라는 이런 어린아이 같은 사람들의 것이다"
라고 하시면서 어린 아이들에게 손을 얹어 기도해 주셨어요.

사랑하는 예수님, 어른들 중에는 아이들을 싫어하고
귀찮아하는 분들이 있어요. 하지만 예수님은 언제나
저 같은 어린아이를 사랑해 주셔서 감사해요. 제
머리에도 손을 얹고 기도해 주세요.

예수님께서 어린아이들에게 손을 얹어 기도해
주시고, 그 곳을 떠나셨습니다(마 19:15 쉬운성경).

부자 청년

어느 굉장한 부자 청년이 예수님께 와서 "선생님, 제가 영생을 얻으려면
어떤 선한 일을 해야 합니까?"라고 물었어요. 예수님은 "만일 네가
완전해지고자 한다면 가서 네 재산을 팔아 그 돈을 가난한 사람에게
주어라. 그러면 네가 하늘에서 보물을 얻을 것이다. 그리고 와서 나를
따르라"고 대답하셨어요. 하지만 부자 청년은 자기 재산이 아까워서
근심하며 떠나버렸어요.

예수님, 저는 옷, 책, 먹을 것, 장난감이 많이 있어요. 제가
욕심 부리지 않고 이것들을 어려운 친구들에게
열심히 나누어줄 수 있도록 도와주세요.

다시 너희에게 말한다. 부자가 하나님의 나라에
들어가는 것은 낙타가 바늘 구멍에 들어가는
것보다 더 어렵다(마 19:24 쉬운성경).

선한 포도원 주인

예수님께서 천국을 설명하기 위해 비유를 말씀하셨어요. 포도원 주인은 아침 9시에 일꾼들에게 1데나리온의 돈을 주기로 하고 일을 시켰어요. 하지만 계속 놀고 있는 사람들이 불쌍해서 오후 5시에도 일을 시키고 1데나리온을 먼저 주었어요. 아침부터 하루 종일 일한 사람들은 1시간만 일했는데도 1데나리온을 주는 것을 보고 자기들은 더 받을 줄 알았지만 약속한데로 똑같이 주자, 불평을 했어요. 주인은 나중에 온 사람들이 1시간 밖에 일을 안했지만 그들을 불쌍히 여겨 먼저 돈을 주어서 먹을 것을 사서 가족들과 맛있는 밥을 먹게 해 준 것이에요.

예수님, 저는 우리 집에서 아무 일도 안하지만 언제나 먹을 것을 주고 잘 돌보아주어요. 제가 주님을 위해서 아무 일을 안 해도 언제나 좋은 것을 주시고 천국에 들어가게 해주셔서 감사해요.

내 것을 가지고 내 뜻대로 하는 것이 무슨 잘못이오? 내가 자비로운 사람이라서 당신의 눈에 거슬리오?(마 20:15 쉬운성경).

욕심의 줄

예수님께서 예루살렘에 올라가실 때 두 제자를 건너편 마을로 보내서
"묶여 있는 나귀들을 풀어서 끌고 와라. 만일 누가 너희에게 무슨 말을
하거든 '주께서 필요로 하신다'고 말하라. 그리하면 나귀들을 곧 내어 줄
것이다" 라고 하셨어요. 제자들이 나귀를 끌고 오자 예수님은 그것을 타고
예루살렘으로 들어가셨어요.

예수님께서 쓰시겠다고 하자 기쁘게 나귀를 내어 준 주인처럼 저의 마음에
욕심의 줄을 풀어주시고 언제든지 예수님이 원하시는 것을 드릴 수 있도록
도와주세요.

"시온의 딸에게 말하여라. '보아라. 네 왕이 네게로
오신다. 그는 겸손하여 당나귀를 탔는데, 어린 당나귀,
곧 나귀 새끼를 타고 오신다'"(마 21:5 쉬운성경).

7월 / 12일

어린 아이들이 찬양하게 하시는 예수님

예수님께서 눈먼 사람들과 다리를 저는 사람들을 고쳐 주셨어요.
그러나 대제사장들과 율법학자들은 예수님께서 행하신 놀라운 일들과
어린아이들이 성전에서 "다윗의 자손께 호산나!" 하고 외치는 것을
보고 화가 났어요. 그들이 예수님께 "이 어린아이들이 무슨 말을 하는지
들립니까?"라고 하자, 예수님은 "물론이다. 너희는 '주께서 어린아이들과
젖먹이들의 입에서 찬양이 나오게 하셨다' 하신 말씀을 읽어 보지
못했느냐?"고 대답하셨어요.

예수님, 저는 예수님께 화내는 사람이 아니라 누가 뭐라고 해도 열심히
예수님을 찬양하는 아이가 되고 싶어요. 도와주세요.

성전에서 보지 못하는 사람들과 다리를 저는
사람들이 예수님께 오자, 예수님께서는 그들을
고쳐 주셨습니다(마 21:14 쉬운성경).

216

왕의 잔치

예수님은 하늘나라가 아들을 위해 결혼 잔치를 베푸는 왕과 같다고 하셨어요. 왕은 종들을 보내 결혼 잔치에 초대받은 사람들을 불러오게 했어요. 하지만 그들은 여러 가지 핑계를 대면서 오지 않겠다고 했어요. 왕은 종들에게 "결혼 잔치는 준비됐으나 내가 초대한 사람들은 자격이 없다. 너희는 길거리로 나가 만나는 사람마다 잔치에 오라고 초대하라"고 하셨어요. 수많은 사람이 잔치에 참여했지만 그 중에는 혼인예복을 입지 않고 와서 결국 잔치에서 쫓겨난 사람들도 있었어요.

예수님, 제가 교회 갈 때는 제일 깨끗하고 좋은 옷을 입고 갈게요. 예수님은 저에게 빛의 옷을 입혀주셔서 빛나는 하늘나라 잔치에 들어갈 수 있게 해 주세요.

초대받은 사람은 많으나, 선택된 사람은 적다(마 22:14 쉬운성경).

가장 큰 계명

율법 선생님이 예수님께 질문을 하였어요. "수많은 율법들 중에 가장 중요한 계명은 무엇입니까?" 예수님은 "첫째로 마음과 뜻과 생명을 다해 하나님을 사랑하고 둘째로 네 이웃을 네 몸같이 사랑하는 것이다"라고 대답하셨어요.

예수님, 저의 마음에 예수님이 가득하게 해 주세요. 제 키가 자라는 만큼 하나님을 더 사랑하게 해주세요. 제 몸이 배고플 때 먹을 것을 주고, 좋은 옷을 입히고, 날마다 닦아 주듯이, 제 친구들을 사랑하게 도와주세요.

네 모든 마음과 모든 목숨과 모든 정성을 다해서,
네 하나님을 사랑하여라(마 22:37 쉬운성경).

괴롭히고 미워할 것이다

우리가 살고 있는 이 세상은 영원한 것이 아니고 끝이 있어요. 그 다음에는 하나님의 나라로 가서 살 수 있어요. 이사를 가면 옛집을 떠나 새집에서 사는 것과 같은 것이에요. 예수님은 세상의 마지막이 되면 사람들이 예수님을 사랑하는 사람들을 미워하고 괴롭히고 죽일 것이라고 예언하셨어요.

예수님 때문에 감옥에 가고 매를 맞고 죽임을 당하는 분들을 도와주세요. 저도 똑같은 일을 당하면 엄청 무서울 것 같지만 예수님을 끝까지 믿을 수 있는 용기를 주세요.

그 때, 사람들이 너희를 박해하고, 심지어 죽이기까지 할 것이다. 나 때문에 너희가 모든 민족에게 미움을 받을 것이다(마 24:9 쉬운성경).

산으로 도망하여라

이 세상의 마지막 때가 되면 산으로 도망치라고 예수님께서 말씀하셨어요.
모세는 시내 산에서 40일 동안 아무 것도 안 먹고 기도만 했어요.
엘리야도 갈멜 산에 올라가서 비가 오게 해달라는 기도의 응답을
받았어요. 그리고 호렙 산에 올라가서 하나님의 조용한 음성을 들었어요.
예수님도 자주 산에 올라가서 기도하셨어요. 마지막 때, 고난과 핍박과
심판의 때에는 기도의 높은 산에 올라가라고 예수님께서 알려주신 거예요.

예수님, 세상의 마지막 때에도, 언제나 기도하며 예수님을 영접할 준비를
하고 있는 제가 될 수 있도록 도와주세요.

유대에 있는 사람들은 산으로
도망하여라(마 24:16 쉬운성경).

다시 오시는 예수님

오래 전 예수님은 아기의 모습으로 이 땅에 오셨어요.
세상의 마지막 때는 예수님께서 큰 영광중에 구름을 타고 다시
오실 거예요. 그러나 언제 오시는 지 정확한 날짜와 시간은 아무도
몰라요. 노아 홍수 때처럼 먹고 마시고 놀기만 하지 말고 늘 준비를
하고 있어서 예수님을 영접해야 해요.

예수님께서 다시 오실 때 제가 가장 먼저
달려가서 예수님 품에 안기고 싶어요. 예수님,
저랑 놀아주세요.

그러므로 항상 깨어 있어라. 왜냐하면
언제 너희 주님께서 오실지 너희가 알지
못하기 때문이다(마 24:42 쉬운성경).

7월 / 18일

보잘 것 없는 사람

보잘 것 없는 사람이 배고프고, 헐벗고, 병들었을 때 먹을 것과 입을
것을 주고 잘 돌보아 준 사람은 천국에서 영원한 생명을 누리지만,
그렇게 하지 않은 사람들은 영원한 불 속으로 들어가서 고통을 당해요.
왜냐하면 가장 보잘 것 없는 사람에게 한 것이 바로 예수님께 한 것이기
때문이에요.

예수님, 제가 어떤 친구도 왕따시키고 무시하지 않게 해 주세요.
힘없고 약한 친구들을 예수님 대하듯이 대할 수 있도록 제 마음을
따뜻하게 해 주세요.

내가 너희에게 진정으로 말한다. 보잘 것 없는 사람에게
한 일, 곧 너희가 이 형제들 중 가장 보잘 것 없는
사람에게 한 일이 곧 나에게 한 것이다(마 25:40 쉬운성경).

마지막 식사

예수님께서 십자가에서 돌아가시기 전에 제자들과 마지막
식사를 하셨어요. 예수님은 빵을 제자들에게 주면서
말씀하셨어요. "받아서 먹어라. 이것은 내 몸이다." 또 포도주
잔을 들어 "이것은 죄 사함을 위해 많은 사람들을 위해 흘리는
내 피다"라고 하시면서 빵과 포도주를 마실 때마다 기억하라고
하셨어요. "내 심장과 몸이 찢어지고 피를 흘려 병들고 죽어가는
이 세상을 고치고 살리는 것이다. 내가 너를 살리기 위해 너 대신
죽는 것이다"라고 말씀하시는 것이었어요.

저를 위해 아픈 채찍에 맞으시고 십자가에 못
박히신 예수님, 감사해요. 사랑해요. 예수님의
사랑을 잊지 않을 게요.

이것은 죄를 용서하기 위하여 많은
사람들을 위해 붓는 나의 피, 곧
언약의 피이다(마 26:28 쉬운성경).

223

7월 / 20일

겟세마네 기도

늦은 밤, 춥고 바람 부는 겟세마네 동산에서 예수님은 기도하시면서
함께 간 베드로, 요한, 야고보에게 "시험에 들지 않게 기도하라"고
하셨어요. 예수님은 십자가를 앞에 두고 마음이 괴로워서 피땀을
흘려가며 간절하게 기도하셨어요. 하지만 제자들은 너무나 피곤하고
졸려서 다 잠이 들어버렸어요.

예수님, 저도 졸린 것을 잘 못 참아요. 그러나 예수님이 원하실 때 늦은
밤까지 기도하는 아이가 되고 싶어요. 도와주세요.

너희들은 한 시간도 나와 함께 깨어 있을 수 없느냐?
깨어서 너희가 시험에 빠지지 않도록 기도하여라. 영은
원하지만 육체가 약하구나(마 26:40-41 쉬운성경).

매 맞고 놀림 당하시는 예수님

아무 잘못도 없으신 예수님께서 대제사장에게 끌려가서 매를
맞으셨어요. 사람들은 예수님께 침을 뱉고 뺨을 때린 후에 누가
때렸는지 알아맞혀 보라고 놀리기까지 했어요. 그러나 예수님은 아무
말씀도 하지 않으셨어요.

예수님, 저 때문에 예수님이 매를 맞고 놀림을 당하신 것을 알아요.
너무나 죄송해요. 제가 더욱더 예수님을 사랑할 게요. 제가 예수님의
상처에 반창고를 붙여 드릴게요. 예수님, 감사해요.

어떻게 생각하는가? 사람들이 대답했습니다.
"죽어 마땅합니다"(마 26:66 쉬운성경).

억지로 지고 가는 십자가

채찍에 맞아서 온 몸에 피가 흐르는 예수님께 로마 군병들은 십자가를
지고 골고다 언덕으로 올라가게 했어요. 고통 가운데 힘이 다 빠진
예수님은 십자가가 무거워서 자꾸만 자꾸만 넘어지셨어요. 그러자
로마 군병은 옆에서 구경하던 시몬에게 억지로 십자가를 대신 지고
골고다로 가게 했어요.

예수님, 십자가 때문에 많이 아프고 힘드셨죠? 저는 억지로가 아니라
제가 원해서 예수님을 도와드리고 싶어요. 저는 언제나 예수님과 함께
있고 싶어요. 사랑해요. 예수님!

군인들이 나가다가 구레네 출신의 시몬이라는 사람을
만났습니다. 군인들은 그에게 강제로 예수님의 십자가를
지고 가게 하였습니다(마 27:32 쉬운성경).

다시 살아나신 예수님

예수님이 죽자, 로마 군병들은 동굴에다 예수님을 두고 커다란 바위로
입구를 막고 동굴 앞에서 지키고 있었어요. 그러나 삼 일 후에 커다란
지진이 일어나고 천사가 내려와서 돌을 굴려 내고 그 위에 앉았어요.
그곳에 온 여자들에게 천사는 "너희가 십자가에 못 박히신 예수를
찾고 있는 것을 안다. 예수께서는 여기 계시지 않고 말씀하신 대로
살아나셨다. 빨리 가서 제자들에게 '예수께서 죽은 사람 가운데서
살아나셨다'라고 말해라"고 했어요.

예수님께서 차갑고 어두운 무덤에 계시지 않고
다시 살아나셔서 감사해요. 예수님 때문에 저도
죽음이 두렵지 않고 다시 살아날 수 있다는
것을 믿게 해 주셔서 감사해요.

그 때, 강한 지진이 일어나고, 하나님의 천사가
하늘에서 내려왔습니다. 그 천사는 돌을 굴려 치우고,
그 위에 앉았습니다. 그 모습은 번개와 같았고, 옷은
눈처럼 희었습니다(마 28:2-3 쉬운성경).

7월 / 24일

무슨 상관이 있습니까?

예수님께서 회당에서 가르치실 때 어떤 귀신들린 사람이 "나사렛 예수여! 우리가 당신과 무슨 상관이 있습니까? 우리를 망하게 하려고 오셨습니까? 나는 당신이 누구신줄 압니다. 하나님께서 보내신 거룩한 분이십니다" 라고 소리쳤어요. 예수님이 누구인줄 알지만 아무 상관이 없다고 귀신이 말한 거예요. 예수님께서는 귀신을 꾸짖으시며 말씀하셨어요. "조용히 하여라. 그리고 그 사람에게서 나와라!"

제가 예수님에 대해서 머리로만 알고, 말하고 행동하는 것은 아무 상관도 없는 아이가 되지 않게 해 주세요. 이 세상에서 예수님과 제일 친한 아이가 되고 싶어요. 도와주세요.

그 더러운 귀신이 그 사람에게 발작을 일으켰습니다. 그리고 큰 소리를 지르면서 그 사람에게서 나왔습니다(막 1:26 쉬운성경).

손을 펴 보아라

예수님께서 회당에서 가르치실 때 한쪽 손이 오그라든 사람을
보셨어요. 그 사람에게 예수님은 앞으로 나와서 손을 펴 보이라고
하셨어요. 한쪽 손이 오그라든 사람은 자기의 손을 내밀기가
창피했겠지만 예수님과 사람들이 다 볼 수 있게 순종했어요. 그러자
즉시로 회복이 되었어요.

저의 잘못과 부끄러움을 숨기지 않고 예수님께 다 내보일
수 있는 용기를 주세요. 그러면 예수님께서 다 깨끗하게
고쳐주실 줄로 믿어요.

예수님께서 그 사람에게 말씀하셨습니다.
"네 손을 펴 보아라." 그 사람이 손을
내밀자, 그 손이 나았습니다(막 3:5 쉬운성경).

귀신을 쫓아내시는 예수님

귀신들려 고통당하는 아이를 데리고 온 아버지가 제자들이
고치지 못하자 예수님께 "하실 수 있다면 제 아이를
도와주세요"라고 했어요. 예수님은 "'하실 수 있다면'이
무슨 말이냐? 믿는 사람에게는 모든 일이 가능하다"라고
대답하셨어요. 그러자 아이의 아버지가 "내가 믿습니다!
믿음이 부족한 나를 도와주십시오!"라고 소리쳤어요. 예수님은
아무 책망도 안 하시고 귀신을 쫓아내고 아이를 고쳐주셨어요.

예수님, 저에게 커다란 믿음을 주셔서 아무 것도
의심하지 않게 도와주세요. 날마다 더 열심히
기도해서 제 키가 자라는 것처럼 믿음도 쑥쑥
자라게 해 주세요.

예수님께서는 "이런 종류의 귀신은
오직 기도로만 쫓아 낼 수 있다"고
대답하셨습니다 (막 9:29 쉬운성경).

7월 / 27일

눈먼 바디매오

바디매오라는 눈먼 사람이 길가에 앉아 구걸하고 있다가 나사렛
예수라는 말을 듣고 소리치기 시작했어요. "다윗의 자손 예수여,
나를 불쌍히 여겨 주십시오!" 사람들이 그를 꾸짖으며 조용히
하라고 했어요. 그러나 그는 더욱더 큰 소리로 불쌍히 여겨 달라고
소리 질렀어요. 그 소리를 들은 예수님은 가던 길을 멈추고 그를
고쳐주셨어요.

예수님, 사람들이 저보고 아무리 기도하지
말라고 방해를 해도 더 열심히 큰소리로
기도할 수 있도록 도와주세요. 언제나
저의 기도를 들어주세요.

예수님께서 "가거라. 네 믿음이 너를
낫게 하였다"라고 말씀하셨습니다. 그
즉시, 그는 보게 되었고, 예수님을 따라
나섰습니다(막 10:52 쉬운성경).

기도하는 집

예수님께서 예루살렘 성전으로 들어가 거기서 장사하던 사람들을
내쫓았어요. 돈 바꿔 주는 사람들의 상과 비둘기를 파는 사람들의 의자를
둘러엎으셨어요. 그리고 예수님께서 사람들을 가르치시며
"내 집은 '모든 민족들이 기도하는 집'이라 불릴 것이다" 라고 하셨어요.

제가 교회에서 예배드리는 시간보다는 레크리에이션을 하고 노는 것을
더 좋아한 적이 있어요. 죄송해요. 예수님의 말씀대로 교회에서 더 열심히
예배드리고 기도할 수 있도록 도와주세요.

"성경에 이렇게 쓰여 있다. '나의 집은
모든 민족의 기도하는 집이라고 불릴
것이다.' 그런데 너희는 '강도의 소굴'로
바꾸었다"(막 11:17 쉬운성경).

말라버린 무화과나무

예수님께서 잎이 무성한 무화과나무를 보시고는 열매가 있을까
해서 가 보셨어요. 하지만 잎만 무성할 뿐 무화과 열매는
없었어요.
예수님께서 그 나무에게 "이제부터 어느
누구도 네 열매를 따 먹지 못할 것이다"
라고 말씀하셨어요. 이튿날 아침,
예수님과 제자들이 지나가다
예수님께서 말한 대로 뿌리째
말라 버린 무화과나무를
보았어요.

예수님, 제가 거짓말, 나쁜 말을
하지 말고 곱고 좋은 말만 하게
해 주세요..그리고 예수님처럼 말한
대로 이루어지게 해 주세요.

누구든지 이 산을 향하여 '뽑혀서 바다에 던져져라'
하고 말하고, 마음속에 아무 의심 없이 말한 대로 될
줄 믿으면, 그대로 이루어질 것이다(막 11:23 쉬운성경).

7월 / 30일

가난한 과부

예수님께서 성전에서 사람들이 헌금함에 돈 넣는 것을 보고 계셨어요.
어느 가난한 과부가 다가오더니 아주 작은 돈을 넣었어요. 예수님께서
제자들에게 "이 가난한 과부가 어느 누구보다 더 많은 헌금을 드렸다.
부자들은 풍족한 가운데서 드렸지만 이 가난한 여인은 자신이 가지고
있던 모든 것, 곧 자기 생활비 전부를 드렸기 때문이다"라고 하셨어요.
가난한 과부는 어떻게 하려고 가지고 있던 것을 다 드렸을까요?
그녀는 그것을 따질 수 없을 만큼 하나님을 사랑하였어요.

예수님, 제가 매 주일 작은 돈을 헌금하지만 누구보다 더 많은 마음을
드릴게요. 예수님을 사랑하는 저의 마음을 받아주세요.

다른 모든 사람들은 넉넉한 중에서 헌금을 하였지만,
과부는 가지고 있던 모든 것, 즉 생활에 필요한 돈
전부를 바쳤다(막 12:44 쉬운성경).

천사를 만난 마리아

어느 날 밤에 마리아는 약혼한 요셉을 생각하고
있었어요. 그 때 갑자기 빛나는 옷을 입은 천사
가브리엘이 나타나서 "네가 아들을 낳을 것이다. 그의
이름을 예수라 하여라"고 했어요. 마리아는 깜짝 놀라서
"저는 아직 결혼도 하지 않았는데 어떻게 아이를 낳을
수 있나요?"라고 했어요. 가브리엘은 "성령의 능력으로
네가 하나님의 아들로 불리는 아이를 낳을 것이다"라고
대답했어요.

하나님, 저에게도 천사를 보내주시고 말씀해 주세요.
제가 무서워하거나 의심하지 말고 하나님의 말씀에
순종할 수 있도록 도와주세요.

마리아가 말했습니다. "보소서. 저는
주님의 여종이오니 당신의 말씀대로 제게
이루어질 것을 믿겠습니다." 그러자 천사가
마리아에게서 떠나갔습니다(눅 1:38 쉬운성경).

8

August

너는 세상 그 무엇보다
재미있단다

구유에 뉘이신 아기 예수님

인구조사 때문에 베들레헴에 간 요셉과 마리아는 아기가 태어나려고
하자 동물들이 있는 방에 들어가 아기를 낳고 구유에 눕혔어요. 여관에
빈방이 없었기 때문이에요. 양과 소와 염소들이 기쁜 마음으로 아기
예수님을 보았어요. 비록 구유는 깨끗하지 않지만 아기 예수님이 그 안에
계시자 세상에서 가장 아름답고 빛나는 곳이 되었어요.

예수님, 저의 작은 마음에도 오세요.
그래서 이 세상에서 가장 아름다운 저의 마음이 되게 해 주세요.

마리아는 첫아들을 낳아 포대기에 싸서 구유에
눕혀 두었습니다. 그것은 여관에 이들이 들어갈
빈방이 없었기 때문입니다(눅 2:7 쉬운성경).

예수님의 말씀

오래 전에 내가 이 세상에 아기의 모습으로 오자
많은 사람들이 기뻐하였단다. 비록 네가 그 모습을
보지 못하고 만지지는 못했지만 네게 믿음이 있다면
마음으로 보고 느낄 수가 있을 것이다. 네가 어떠한
상태에 있든지 나는 늘 네 옆에서 지금도 함께 지내고
있단다. 나는 너를 언제나 사랑한단다. 이 세상이
창조되기 전에 이미 너를 나의 사랑하는 아이로
선택했단다.

예수님, 이 세상에, 그리고 제 마음에 오셔서 감사해요.
저를 선택해 주시고 사랑해 주셔서 감사해요. 저도
예수님을 많이많이 사랑해요.

천사가 그들에게 말했습니다. "두려워 마라.
보아라. 모든 백성을 위한 큰 기쁨의 소식을
가지고 왔다"(눅 2:10 쉬운성경).

8월 /3일

소년 예수님

예수님이 12살 소년이었을 때 부모님과 함께 유월절을 보내기 위해
예루살렘으로 갔어요. 집에 돌아오는 길에서 부모님은 예수님이 같이
오지 않았다는 것을 알고 급하게 예루살렘으로 돌아갔어요. 소년 예수님은
성전에서 선생님들의 이야기를 듣기도 하고 물어보기도 하고 있었어요.
선생님들은 소년 예수님이 하나님의 말씀을 많이 알고 있어서 놀랐어요.
부모님은 "네가 없어져서 우리가 얼마나 놀라고 찾았는지 아느냐?"라고
혼냈어요. 예수님은 "내가 마땅히 내 아버지의 집에 있어야 하는 줄
모르셨습니까?"라고 대답했지만 돌아가서 부모님께 순종하며 지냈어요.

저도 예수님처럼 교회에 있는 것을 좋아하게 해 주세요. 그리고 언제나
성경말씀을 열심히 듣고 공부하며 부모님께 순종하게 도와주세요.

예수님은 지혜와 키가 더욱 자랐고,
하나님과 사람들로부터 사랑을
받았습니다(눅 2:52 쉬운성경).

세례 요한

세례 요한은 광야에서 살았어요. 그는 낙타 털 옷을 입고 메뚜기와
꿀을 먹고 살았어요. 세례 요한의 가장 큰 일은 예수님이 오신다는
것을 사람들에게 알리는 것이었어요. 세례 요한은 사람들에게
회개하고 세례를 받으라고 했어요. 어느 날 세례 요한은 예수님을
보자 큰 소리로 외쳤어요.
"보라! 세상 죄를 짊어지신 하나님의 어린 양이로다."

예수님, 저도 세례 요한처럼
다시 오실 예수님을 사람들에게
알려주고 싶어요. 거짓말하고
미워하는 일을 회개하고 예수님을
맞이하라고 말할 수 있는 지혜와
용기를 주세요.

그는 요단 강가의 모든 지역으로
다니면서 죄를 용서받게 하려고 회개의
세례를 전파하였습니다(눅 3:3 쉬운성경).

거짓말쟁이 사탄

예수님은 뜨겁고 먹을 것도 없는 광야에서 40일 동안 아무 것도 먹지 않고
하나님께 기도했어요. 사람들에게 말씀을 전하며, 병든 사람들을 치유하고, 죄를
용서하기 위해 십자가에서 죽을 것을 준비하신 것이에요. 그 때 사탄이 와서
예수님께 "너는 하나님의 아들이 아냐. 하나님은 너를 사랑하지 않아. 힘들고
어려운 삶을 살지 말고 내게 절을 해. 그러면 이 세상의 좋은 것들을 줄께"라고
거짓말을 했어요. 예수님은 하나님의 말씀으로 사탄의 유혹과 거짓말을
물리치셨어요.
예수님, 제가 사탄의 거짓말에 속지 않게 해 주세요.
성경말씀을 더욱 공부하고 외워서 사탄의 거짓말을 이기게 도와주세요.

예수님께서 대답하셨습니다. "성경에 '주 너의 하나님을 예배하고
오직 그분만을 섬겨라!'라고 쓰여 있다"(눅 4:8 쉬운성경).

8월 / 6일

제자들을 부르시는 예수님

예수님은 온 세계에 복음을 전할 제자들을 찾으셨어요. 이 놀라운
복음을 전하기 위해 똑똑하고 부자이며 높은 지위에 있는 사람들이
필요할 까요? 예수님은 자기가 부족한 죄인임을 인정하는 평범한
사람들을 제자로 삼으셨어요. 제일 먼저 어부인 베드로, 안드레,
요한, 야고보에게 "내가 너희를 사람을 낚는 어부로 만들어
주겠다"라고 하시면서 제자로 부르셨어요. 그들은 그물과 배와 모든
것을 버리고 예수님을 따라갔어요.

예수님, 저는 많은 것을 알지 못하는 어린 아이이지만 저도
불러주시고 온 세계에 복음을 전하는 제자가
될 수 있도록 도와주세요.

예수께서 시몬에게
말씀하셨습니다.
"두려워하지 마라. 이제부터
너는 사람을 낚을 것이다"
(눅 5:10 쉬운성경).

244

8월 / 7일

마음에 가득 찬 것

만화영화를 너무 많이 보면 만화영화에 대한 것만 말하게 되어요.
게임을 너무 많이 하면 친구들을 만나서 게임에 대한 이야기만
하게 되어요. 가시나무가 포도 열매를 맺을 수 없듯이 좋은
나무가 좋은 열매를 맺을 수 있어요.

예수님, 저의 마음에 예수님의 말씀과 사랑이 가득해서 말할
때마다 착하고 선한 것들만 나오게 해 주세요.

선한 사람은 그 마음속에 선한 것을
쌓았다가 선한 것을 내고, 악한 사람은 그
마음속에 악한 것을 쌓았다가 악한 것을
낸다. 왜냐하면 사람은 그의 마음속에 쌓여
있는 것을 말하기 때문이다(눅 6:45 쉬운성경).

예수님의 말씀

사랑하는 나의 소중한 아이야! 가족이나 친구들이 네가 원하는 대로
안 해준다고 화가 날 때 내가 너를 어떻게 대했는가를 생각해 보렴.
나는 언제나 다정하게 말하고, 네가 어떤 잘못을 해도 용서하고,
사랑으로 함께 하고 있다. 너도 이렇게 가족과 친구들을 대한다면 내
마음이 참으로 기쁠 것이다.

예수님, 저는 사랑과 관심을 많이 받고 싶어요. 다른 사람들도 똑같은
마음이겠죠. 제가 받고 싶은 마음만큼 가족과 친구와 선생님들을
사랑하고 잘 대해줄 수 있도록 도와주세요.

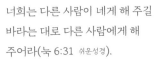

너희는 다른 사람이 네게 해 주길
바라는 대로 다른 사람에게 해
주어라(눅 6:31 쉬운성경).

8월 / 9일

나인 성의 과부

나인 성에 남편이 죽고 외아들을
혼자 키우는 과부가 있었어요. 매우
가난하고 외로웠지만 아들에게 위로를
받으며 과부는 열심히 살았어요. 하지만 어느 날
외아들이 아파서 죽고 말았어요. 사랑하는 아들을 잃고 마음이
너무 아파서 울며 장례 행렬 가운데 있는 과부를 예수님께서 보시고
불쌍히 여기셔서 "울지 마라"고 하시고 아들을 다시 살려주셨어요.
과부는 너무나 기쁘고 감사했어요.

예수님, 세상에는 소중한 자녀를 잃고 마음 아픈 부모님들이 있어요.
그분들의 마음을 위로해 주세요.

그리고 관에 손을 대시니 관을 메고 가던 사람들이
걸음을 멈추었습니다. 예수님께서 말씀하셨습니다.
"소년아, 내가 네게 말한다. 일어나라!"(눅 7:14 쉬운성경).

247

눈물로 예수님의 발을 닦은 여인

한 바리새파 사람인 시몬이 예수님을 저녁 식사에 초대했어요. 예수님이 식사를 하실 때 한 죄인된 여인이 향유가 든 옥합을 가지고 와 예수의 뒤로 그 발 곁에 서서 울며 눈물로 그분의 발을 적셨어요. 그리고 자신의 머리카락으로 발을 닦고 입을 맞추며 향유를 부었어요. 여인은 예수님께 "네 죄를 용서한다"라는 말을 듣기도 전에 예수님을 향한 사랑 때문에 가장 소중한 향유를 붓고 눈물을 흘렸어요. 시몬은 죄인된 여자가 만지는 것조차 싫어했지만 예수님은 그 여인의 마음을 받아 주시고 구원해주셨어요.

예수님, 저는 언제나 예수님이 좋아요. 왜 좋은 지는 잘 모르겠어요. 그냥 좋아요. 저는 언제까지나 예수님을 좋아하고 사랑할래요.

예수님께서 그 여자에게 말씀하셨습니다.
"네 믿음이 너를 구원하였다. 평안히
가거라"(눅 7:50 쉬운성경).

8월 / 11일

돼지를 선택한 사람들

거라사 지방에 귀신이 들려서 벌거벗고 무덤가에서
사는 사람을 예수님께서 만나시고 귀신들에게
나가라고 명령하셨어요. 귀신들이 자기들을 지옥에 보내지
말고 돼지들 속으로 들어가게 해 달라고 애원하자, 예수님은 허락하셨어요.
하지만 귀신들이 들어간 돼지 떼는 모두 호수에 빠져 죽었어요. 마을 사람들은
귀신들렸다가 온전해진 사람은 보지 않고 자기들의 돼지들이 죽은 것이
아까워서 예수님보고 마을에서 떠나라고 했어요.

제가 예수님보다 더 소중하게 여기는 것이 없게 해 주세요.
먹고 마시는 것보다 예수님과 사람들을 더 사랑하게 도와주세요.

거라사와 그 주변에 사는 모든 사람들이, 예수님께서 자기들로부터
떠나 줄 것을 간청했습니다. 이는 그들이 무서움에 사로잡혔기
때문이었습니다(눅 8:37 쉬운성경).

믿음의 손길

예수님께서 많은 사람들과 함께 길을 걸어가실 때 12년 동안
혈루병을 앓아 온 여인이 뒤로 비집고 다가가 그분의 옷자락에
손을 댔어요. 그러자 즉시 병이 나았어요. 예수님께서 "누가
내게 손을 댔느냐?"라고 물으시자 베드로가 "많은 사람들이
선생님을 만졌는데 그걸 어떻게 아나요?"라고 대답했어요. 많은
사람들이 예수님 옆에서 그 옷자락에 스쳤지만 아무 일도 일어나지
않았어요. 오직 믿음으로 예수님의 옷을 만진 여인만 기적을
체험한 것이에요.

제가 매일 드리는 기도를 아무 생각 없이 습관적으로
하지 않고 믿음으로 마음을 다해 할 수 있도록
도와주세요. 그래서 날마다 예수님의 사랑과
기적을 체험할 수 있도록 해 주세요.

예수님께서 말씀하셨습니다. "누군가
나를 분명히 만졌다. 내게서 능력이
나간 것을 안다"(눅 8:46 쉬운성경).

모세와 엘리야

예수님께서 베드로와 요한과 야고보를 데리고 기도하러 산에
올라가셨어요.
예수님께서는 기도하는 동안 얼굴 모습이 변하셨고 옷이 하얗게
빛났어요. 그때 모세와 엘리야가 나타나 예수님과 말을 하고 있었어요.
베드로와 그 일행이 예수님의 영광과 두 사람이 서 있는 것을 보고
너무나 놀랐어요. 이미 오래 전에 죽었지만 이스라엘 사람들이 가장
존경하는 모세와 엘리야의 살아있는 모습을 보았기 때문이에요.

예수님, 저는 천국에 가서 골리앗을 이긴 다윗과 천하장사
삼손을 만나고 싶어요. 그리고 무엇보다 예수님을
날마다 보고 예수님과 놀고 싶어요.

베드로와 같이 있던 다른 제자들이 잠을
이기지 못하고 졸다가 깨어났습니다.
그리고 예수님의 영광을 목격하고, 다른
두 사람이 예수님과 함께 서 있는 것을
보았습니다(눅 9:32 쉬운성경).

8월 / 14일

강도를 만난 사람

예루살렘에서 여리고로 가는 어떤 사람을 강도들이 옷을 벗기고 때려 거의 죽게 된 채로 내버려두고 갔어요. 마침 그 곳을 지나가던 제사장과 레위 사람은 그 사람을 보더니 반대쪽으로 지나갔어요. 그러나 어떤 사마리아 사람은 길을 가다가 그 사람을 보고 불쌍한 마음이 들어 상처에 기름과 포도주를 바르고 싸맸어요. 그러고는 그 사람을 자기 짐승에 태워서 여관으로 데려가 잘 보살펴 주었어요.

예수님, 제가 아프고 힘든 일을 당한 사람들을 못 본체하고 지나가는 차가운 사람이 되지 않고 열심히 도와주고 기도해 주는 사람이 되게 해 주세요.

"너는 이 세 사람들 중에 누가 강도 만난 자의 이웃이라고 생각하느냐?" 율법학자가 대답했습니다. "그에게 자비를 베풀어 준 사람입니다." 그러자 예수님께서 그에게 말씀하셨습니다. "가서 똑같이 하여라!"(눅 10:36-37 쉬운성경).

마르다와 마리아

마르다가 예수님을 집으로 모셨어요. 마르다의
동생 마리아는 예수님의 발 앞에 앉아 하시는
말씀을 듣고 있었어요. 마르다는 여러 가지
접대하는 일로 정신이 없어서 예수님께
"동생에게 저를 좀 거들어 주라고 말씀해
주십시오!" 라고 했어요.
예수님은 "마르다야, 너는 많은 일로
염려하며 정신이 없구나. 그러나 꼭 필요한
것은 한 가지뿐이다. 마리아는 좋은 것을
선택했으니 결코 빼앗기지 않을 것이다"라고
대답하셨어요.

예수님, 저는 열심히 공부도 하고
놀기도 하고 게임도 해야 하지만 그 어떤
것보다 예수님의 말씀을 듣는 것을 제일
좋아하게 해 주세요.

마르다에게는 마리아라는 여동생이 있었습니다.
마리아는 예수님의 발치에 앉아서 말씀을 듣고
있었습니다(눅 10:39 쉬운성경).

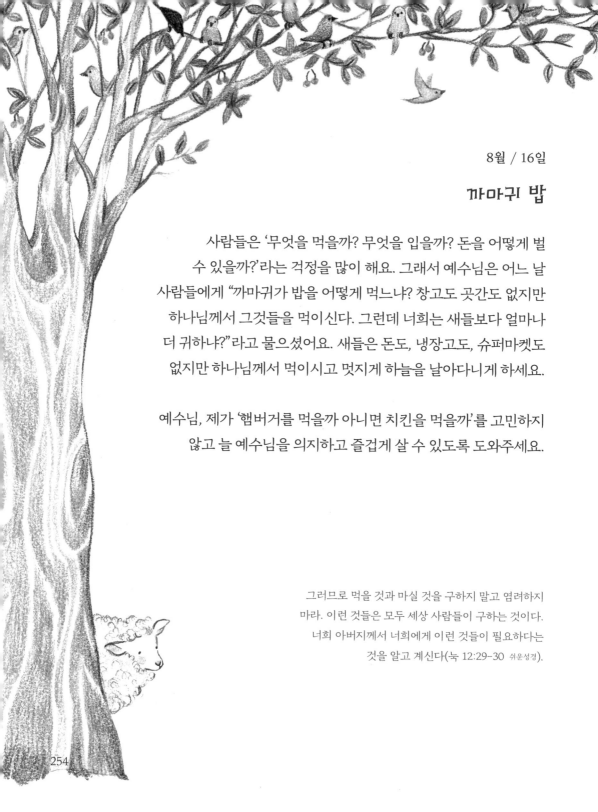

까마귀 밥

사람들은 '무엇을 먹을까? 무엇을 입을까? 돈을 어떻게 벌
수 있을까?'라는 걱정을 많이 해요. 그래서 예수님은 어느 날
사람들에게 "까마귀가 밥을 어떻게 먹느냐? 창고도 곳간도 없지만
하나님께서 그것들을 먹이신다. 그런데 너희는 새들보다 얼마나
더 귀하냐?"라고 물으셨어요. 새들은 돈도, 냉장고도, 슈퍼마켓도
없지만 하나님께서 먹이시고 멋지게 하늘을 날아다니게 하세요.

예수님, 제가 '햄버거를 먹을까 아니면 치킨을 먹을까'를 고민하지
않고 늘 예수님을 의지하고 즐겁게 살 수 있도록 도와주세요.

그러므로 먹을 것과 마실 것을 구하지 말고 염려하지
마라. 이런 것들은 모두 세상 사람들이 구하는 것이다.
너희 아버지께서 너희에게 이런 것들이 필요하다는
것을 알고 계신다(눅 12:29-30 쉬운성경).

8월 / 17일

잃어버린 양

선한 목자는 100마리의 양 중에 한 마리를 잃어버렸다면 99마리의
양을 들판에 두고, 그 잃어버린 양 한 마리를 찾아다녀요. 양은 길도
모르고 날카로운 이빨도, 발톱도 없어요. 그래서 사자나 늑대에게 금방
잡혀 먹히게 돼요. 목자는 안타까운 마음으로 양을 찾아다니다가 양을
찾게 되면 기뻐하며 양을 어깨에 메고 집에 와서 친구들을 불러 모아
잔치를 열고 다 같이 기뻐해요.

예수님, 제가 어디를 가야할지도 모르고,
무엇을 해야 할지도 몰라서 방황할 때
저를 찾아와 주셔서 꼭 안고서 제가
있어야 할 곳으로 데려가 주세요.

내가 너희에게 말한다. 하늘에서는 회개할 필요
없는 아흔아홉 명의 의인보다 회개하는
죄인 한 명을 두고 더 기뻐할
것이다(눅 15:7 쉬운성경).

255

기다리는 아버지

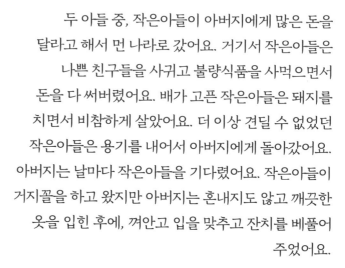

두 아들 중, 작은아들이 아버지에게 많은 돈을 달라고 해서 먼 나라로 갔어요. 거기서 작은아들은 나쁜 친구들을 사귀고 불량식품을 사먹으면서 돈을 다 써버렸어요. 배가 고픈 작은아들은 돼지를 치면서 비참하게 살았어요. 더 이상 견딜 수 없었던 작은아들은 용기를 내어서 아버지에게 돌아갔어요. 아버지는 날마다 작은아들을 기다렸어요. 작은아들이 거지꼴을 하고 왔지만 아버지는 혼내지도 않고 깨끗한 옷을 입힌 후에, 껴안고 입을 맞추고 잔치를 베풀어 주었어요.

하나님, 제가 아무리 잘못을 많이 해도 멀리 도망가지 않고, 언제나 기다려 주시는 아빠 하나님께로 돌아갈 수 있는 용기를 주세요.

그 아들이 아직 먼 거리에 있는데, 아버지가 그를 보고 불쌍히 여겨 달려가 아들을 끌어안고 입을 맞추었다(눅 15:20 쉬운성경).

8월 / 19일

부자와 나사로

나사로는 비록 거지였지만 하나님을
잘 섬기고 늘 착한 마음으로 살았어요.
하지만 부자는 자기 집 대문 앞에서
병들어 누워있는 나사로를 조금도
도와주지 않고 방탕하게 살았어요. 어느 날 둘
다 죽었는데 나사로는 천국에 들어가 위로를 받고, 부자는
지옥에서 고통을 당하게 되었어요. 뜨거운 고통 가운데 부자는 자기의
형제들도 지옥에 오지 않기 위해 살아있을 때 회개할 수 있도록 해 달라고
아브라함에게 부탁했어요.

하나님, 제가 저 혼자만 잘 먹고 신나게 놀 생각만 하지 않게 해 주세요.
어려운 친구들을 돕고, 착한 마음으로 살아서 꼭 천국에 가게 도와주세요.

제게 형제가 다섯 명이 있는데, 나사로가 가서
증언하여서 그들이 이 고통받는 곳에 오지 않게
해 주십시오(눅 16:28 쉬운성경).

연자 맷돌

소나 나귀가 커다란 돌을 등에 매고 돌아서 곡물을 갈았어요. 이 돌을 연자 맷돌이라고 해요. 이렇게 커다랗고 무거운 돌을 목에 매고 바닷물 속에 들어가면 절대로 나올 수가 없어요. 예수님은 어린이가 죄를 짓게 하는 것보다 연자 맷돌을 목에 달고 바닷물에 들어가는 게 더 낫다고 하셨어요. 그만큼 어린이가 죄를 짓게 하는 것이 무섭고 나쁜 것이라고 말씀하시는 거예요.

예수님, 제가 나쁜 마음을 품고 나쁜 행동을 하지도 말고, 다른 친구들에게 나쁜 것을 하라고 부추기지도 않게 해 주세요.

어린아이 하나라도 죄짓게 하면 차라리
자기 목에 연자 맷돌을 달고 바다에 빠지는
것이 더 나을 것이다(눅 17:2 쉬운성경).

8월 / 21일

겨자씨

겨자씨는 눈에 잘 안 보일 정도로 작은 씨앗이에요. 그런데 이렇게 작은
믿음만 있어도 뽕나무에게 "뿌리째 뽑혀 바다에 심겨라"고 하면 그대로
될 것이라고 예수님은 말씀하셨어요. 우리 집이 에버랜드 한 가운데로
옮겨졌으면 좋겠어요.

예수님, 저는 키도 작고 믿음도 작지만 저의 믿음으로도 놀라운 일이
일어날 수 있도록 해 주셔서 감사해요. 하지만 제가 욕심으로 기도하지는
않게 해 주세요.

"만일 너희에게 겨자씨만한 믿음이 있으면,
이 뽕나무더러 '뿌리째 뽑혀 바다에 심겨라' 해도
그것이 네 말에 순종할 것이다"(눅 17:6 쉬운성경).

열 명의 문둥병 환자

열 명의 문둥병 환자가 예수님께 와서 고쳐달라고
했어요. 예수님은 "제사장에게 가서 너희 몸을 보여라"고
말씀하셨어요. 그들은 가는 도중에 다 깨끗하게 낫게
되었어요. 아홉 명은 너무나도 기뻐서 가족과 친구들에게
갔어요. 단 한 사람만 하나님께 영광을 돌리고 예수님께
돌아와서 엎드려 감사를 드렸어요.

예수님, 저에게 좋은 것을 정말 많이 주셨어요. 제가
그것을 좋아하느라고 예수님께 감사하는 것을 잊지
않도록 도와주세요.

예수님께서 말씀하셨습니다. "열 사람이 다
깨끗하게 되지 않았느냐? 그런데 아홉은
어디 있느냐?" (눅 17:17 쉬운성경).

재판관과 과부

어느 마을에 사는 재판관은 하나님을 두려워하지 않았기 때문에 사람들을
무시했어요. 한 과부가 억울한 일을 당해 원수를 갚아달라고 재판관에게
청했지만 그는 무시하고 들어주지 않았어요. 그래도 과부는 계속 재판관을
찾아가서 간청했어요. 나중에 재판관은 그 과부가 불쌍해서가 아니라 귀찮아서
간청을 들어주었어요. 하지만 우리 하나님 아빠는 저의 기도를 귀찮아서가
아니라 기쁨으로 들어주세요.

하나님, 제가 하는 그 많은 기도를 귀찮아하지 않고 언제나 열심히 들어주셔서
감사해요. 저도 하나님께 기도하고 성경 읽는 것을 귀찮아하지 않을게요.

하나님께서 밤낮 부르짖는 하나님의 선택된
백성들의 간청을 듣지 않으시고 오랫동안
미루시겠느냐(눅 18:7 쉬운성경).

잘난 체

바리새인은 자기가 얼마나 기도와 헌금을 많이 하고 성경대로 사는 지 잘난 체를 하였어요. 하지만 세리는 겸손하게 "죄인 된 저를 불쌍히 여기소서"라고 기도했어요. 예수님은 세리를 의롭다고 하시면서 항상 낮아져야 한다고 하셨어요.

예수님, 제가 얼마나 기도를 잘하고, 성경도 매일 읽고, 장난감이 많고, 멋지게 생긴 것에 대해 잘난 체 하지 않게 해 주세요. 겸손한 아이가 되게 도와주세요.

누구든지 자기를 높이는 사람은 낮아지고, 자기를 낮추는 사람은 높아질 것이다(눅 18:14 쉬운성경).

8월 / 25일

내가 제일 잘하는 것

나는 많은 것을 알지 못해요. 영어를 잘 하지도 못해요. 무거운 것을 잘 못 들어요. 키도 크지 않아요. 저금통에 돈도 많지 않아요. 빠르게 뛰지도 못해요. 하지만 내가 제일 잘 하는 것이 있어요. 하나님 아빠의 말씀을 잘 믿는다는 거예요. 이것 하나만 보고 하늘나라에 들어갈 수 있다고 하신 예수님이 너무 좋아요.

저는 하나님 아빠의 말씀과 사랑을 믿어요. 예수님이 저를 위해 죽으시고 다시 살아나신 것도 믿어요. 저에게 이런 믿음을 주셔서 감사해요. 사랑해요.

어린아이들이 내게로 오는 것을 막지
마라. 하나님 나라는 이런 어린아이들의
것이다(눅 18:16 쉬운성경).

이웃 사랑

어떤 사람이 예수님께 "내가 무슨 일을 해야 천국에 들어갈 수 있나요?"라고 물었어요. 그는 선한 일을 할 수 있다고 생각하며 십계명도 다 지켰다고 했어요. 예수님은 "네가 정말 십계명을 다 지켰다면 네 재산을 다 팔아 가난한 자들에게 주라"고 하셨어요. 그는 부자이기 때문에 말씀대로 하지 못하고 걱정하며 갔어요. 십계명은 하나님과 이웃을 사랑하라는 말씀이에요. 그 부자는 십계명을 잘 지킨다고 생각만 했어요. 이웃 사랑을 실천하지 못하면서요.

예수님, 저도 말로만 예수님과 친구들을 사랑한다고 하지 않게 해 주세요. 내 것을 양보하면서 사랑을 실천할 수 있도록 도와주세요.

이 말씀을 듣고 그는 몹시 근심하였습니다. 왜냐하면 그는 큰 부자였기 때문입니다(눅 18:23 쉬운성경).

8월 / 27일

더욱 큰 소리로

거리에서 구걸을 하던 소경은 예수님께서 지나가신다는 소리를 듣고 큰 소리로 자기를 고쳐달라고 외쳤어요. 예수님의 말씀을 들으며 따라가던 사람들은 조용히 하라고 꾸짖었어요. 하지만 소경은 더욱 큰 소리로 예수님을 불렀어요. 예수님은 그의 간구와 믿음을 보시고 앞이 보일 수 있도록 고쳐주셨어요.

예수님, 제가 기도를 하면 놀리는 친구도 있고, 가끔 마귀가 기도하기 싫다는 마음을 줄 때도 있어요. 그럴 때 제가 더욱 큰 소리로 기도할 수 있도록 도와주세요.

그러나 그는 더욱 큰 소리로 외쳤습니다.
"다윗의 자손이여, 제게 자비를 베풀어
주십시오"(눅 18:39 쉬운성경).

265

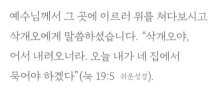

삭개오

세리장 삭개오는 예수님의 소문을 듣고 그 소문이
진짜인지 아닌지 알고 싶었어요. 예수님이 지나가시는
길에서 예수님을 보려고 나갔지만 삭개오는 키가 작아서
사람들 틈에서 잘 볼 수가 없었어요. 그래서 그는 뽕나무 위로
체면불구하고 올라갔어요.
예수님은 그 뽕나무 밑에 오셔서 그의 집에 머물겠다고 하셨어요.
삭개오는 예수님을 영접하고 너무나 기뻐서 자기 재산의 반을 가난한
자에게 주고 속여 빼앗은 것이 있다면 네 배나 갚겠다고 했어요.
예수님, 저도 키가 작아요. 하지만 예수님을 제 마음의 눈으로 잘 볼 수 있어요.
예수님도 저를 잘 찾아와 주셔서 꼭 안아 주세요.

예수님께서 그 곳에 이르러 위를 쳐다보시고
삭개오에게 말씀하셨습니다. "삭개오야,
어서 내려오너라. 오늘 내가 네 집에서
묵어야 하겠다"(눅 19:5 쉬운성경).

나귀를 타신 예수님

예수님께서 예루살렘에 들어가실 때 크고 멋진
사자나 호랑이나 말을 타고 들어가신 것이
아니라 나귀를 타셨어요. 작고 연약한 자들을
사랑하시는 예수님을 나귀는 조금 힘들었지만
기쁘게 모시고 올라갔어요.

예수님, 저도 나귀처럼 크지 않고 작은아이지만
예수님을 늘 섬기고 싶어요. 나쁜 일을 하는
사람들 때문에 슬픈 예수님을 제가 기쁘게 해
드리고 싶어요.

제자들이 나귀를 예수님께 끌고
와서 자기들의 겉옷을 벗어
나귀의 등에 펴고 예수님을
태웠습니다(눅 19:35 쉬운성경).

8월 / 30일

내 잔을 마셔라

옛날에 아이가 많이 아프면 엄마는 손가락을 칼로 베어서
아이에게 피를 마시게 했어요. 요즘도 병원에서 수술을 할 때
환자를 살리려고 수혈을 해요. 저는 다쳐서 조금만 피가 나와도
무서운데, 예수님은 우리를 고치고 살리려고 모든 피를 흘리고
우리가 마시게 하셨어요.

예수님, 저를 위해 피를 흘려주셔서 감사해요. 제 마음이 아플 때
예수님의 피를 발라주셔서 고쳐주세요.

잔을 가지시고 말씀하셨습니다. "이 잔은
너희를 위하여 흘리는 내 피로 세운 새
언약이다"(눅 22:20 쉬운성경).

아버지의 뜻대로

예수님은 십자가에서 못 박혀 죽을 것을 앞두고 간절히 하나님께 십자가에서 죽지 않게 해 달라고 기도하셨어요. 얼마나 열심히 기도하셨는지 땀이 핏방울처럼 예수님의 몸에서 떨어졌어요. 하지만 예수님은 "내 뜻대로 하지 마시고 아버지의 뜻대로 하소서"라고 기도하셨어요. 저는 아이스크림을 매일 먹고 싶어요. 하루 종일 게임을 하고 싶어요. 매일 놀이동산에 놀러가고 싶어요. 하지만 부모님은 제 마음대로 하게 허락하지 않으세요. 저는 조금 슬프지만 저를 위해서 그러시는 줄 알고 있어요.

하나님, 그동안 제가 원하는 것만 기도해서 죄송해요. 제가 원하는 것보다 하나님이 원하시는 것이 무엇인지 알게 해 주시고 순종할 수 있도록 도와주세요.

아버지, 만일 아버지의 뜻이라면 제게서 이 잔을 없애 주십시오. 그러나 제 뜻대로 되게 하지 마시고 아버지의 뜻대로 이루어지게 하십시오(눅 22:42 쉬운성경).

9

September

너는 세상 그 무엇보다
뛰어 나단다

베드로의 눈물

베드로는 절대로 예수님을 배반하지 않을 거라고
맹세했어요. 하지만 예수님의 말씀대로 새벽에 닭이
울기 전, 세 번이나 예수님을 모른다고 부인했어요.
마지막으로 부인할 때 예수님은 베드로를 쳐다보셨어요.
그것은 실망이나 분노보다는 베드로를 향한 용서와
사랑의 눈길이었을 거예요. 베드로는 밖으로 나가 울고 또
울었어요.

저는 예수님을 어떤 경우에도 모른다고 하고 싶지 않아요.
제가 언제 어디서나 예수님을 사랑한다고 말할 수 있도록
도와주세요.

주께서 돌아서서 베드로를 보셨습니다. 베드로는
주께서 "오늘 닭이 울기 전에, 네가 나를 세
번이나 모른다고 부인할 것이다"라고 하셨던
말씀이 기억났습니다(눅 22:61 쉬운성경).

9월 / 2일

십자가에 달린 죄수들

예수님이 십자가에 달릴 때 두 명의 죄수도 함께 달렸어요. 한 명의
죄수는 끝까지 회개하지 않고 예수님을 조롱했어요. 하지만 다른
한 명은 자기가 죄인임을 고백하며 예수님께 불쌍히 여겨달라고
간청했어요. 평생 죄를 짓다가 죽기 직전에 한 회개이지만 예수님은
들어주시고 그 죄수를 천국으로 데리고 가셨어요.

예수님, 제가 저의 잘못을 숨기거나 변명하지 않고 솔직히 고백할 수
있는 용기를 주세요. 그러면 예수님께서 언제나 용서해 주실 줄 믿어요.

예수님께서 그에게 말씀하셨습니다. "내가
진정으로 네게 말한다. 오늘 네가 나와 함께
낙원에 있을 것이다"(눅 23:43 쉬운성경).

엠마오로 가는 두 제자

엠마오로 내려가는 두 제자는 예수님의 죽음으로 인해 너무나 슬프고 괴로워서 부활하신 예수님이 곁에 있어도 전혀 알아보지 못했어요. 예수님께서 두 제자에게 하나님의 말씀을 잘 설명해서 풀어주시자 제자들의 마음은 불타는 것 같았어요. 마음이 밝아지자 눈도 밝아져서 드디어 부활하신 예수님을 알아보고 기뻐했어요.

제가 마음이 슬퍼서 예수님도 못 알아보는 일이 없도록 도와주세요. 제가 슬프고 아파도 언제나 제 곁에 계셔서 마음을 밝게 해 주셔서 감사해요.

그들이 서로 이야기했습니다. "길에서 예수님께서 우리에게 말씀하시고 성경을 풀어 주실 때에 우리의 마음이 불타는 것 같지 않았는가?" (눅 24:32 쉬운성경).

나다나엘을 알고 계니는 예수님

빌립이 친구 나다나엘에게 예수님이 기다리던 메시아라고
알리자, 그는 믿지 않았어요. 예수님께서 나사렛이 아니라
구약의 예언대로 베들레헴에서 태어난 것을 몰랐기
때문이에요. 예수님은 나다나엘을 만나서 "너는 참 이스라엘
사람이고 정직하구나, 네가 무화과나무 아래서 기도하는 것을
보았다"라고 하셨어요. 나다나엘은 자기를 잘 알고 계시는
예수님을 보고 메시아라고 믿지 않을 수 없었어요.

제가 어떤 아이인지 잘 알고 계시는 예수님, 제가 기도하는
모습을 보고 계셔서 감사해요. 제 기도도 응답해 주셔서
감사해요.

나다나엘은 예수님께 "선생님, 당신은 하나님의
아들이시며, 이스라엘의 왕이십니다"라고
대답했습니다(요 1:49 쉬운성경).

물이 변하여 포도주가 되었어요

이스라엘 결혼식에서 제일 중요한 것이 포도주에요. 하지만
가난한 부부는 포도주를 충분히 준비할 수 없어서 결혼식 잔치 중에
다 떨어졌어요. 마리아는 예수님께 이 사실을 알렸지만 예수님은 아직
때가 이르지 않았다고 말씀하셨어요. 그러나 예수님은 많은 물을 변화시켜
아주 좋은 포도주가 되게 하셨어요. 제가 마시는 물도 포도 주스나 콜라로
변화되었으면 좋겠어요.
언제나 가난하고 어려운 사람들을 도와주시는 예수님, 사람은 할 수 없지만 모든
것을 바꾸실 수 있는 예수님, 저의 마음도 아주 착하게 바꾸어 주시는 예수님,
사랑해요.

하인이 떠다 준 물을 잔치를
주관하는 사람이 맛보았을
때, 그 물은 포도주가 되어
있었습니다(요 2:9 쉬운성경).

예수님과 니고데모

이스라엘의 선생님이고 신분이 높은 니고데모는 사람들의
시선을 피해 밤에 예수님께 와서 어떻게 하면 천국에 들어갈 수
있는 지 물어보았어요. 예수님은 "물과 성령으로 태어나지 않으면 그
사람은 하나님 나라에 들어갈 수 없다"라고 대답하셨어요. 니고데모는 다시
태어난다는 것이 무엇인지 이해하지 못했어요.

예수님, 지도 물과 성령으로 태어나는 것이 무엇인지 잘 몰라요. 하지만 저는
예수님이 저를 위해 죽으시고 부활하셨다는 것을 믿어요. 제가 잘 몰라도 저를
하나님의 나라로 인도해 주세요.

하나님께서는 세상을 사랑하여 독생자를 주셨다. 이는
누구든지 그의 아들을 믿는 사람은 멸망하지 않고 영생을
얻게 하려 하심이라(요 3:16 쉬운성경).

배부르신 예수님

예수님이 피곤하고 배가 고프셔서 제자들이 먹을 것을 구해다
드렸어요. 하지만 예수님은 이미 배가 부르다고 하셨어요. 제자들은
"어, 누가 먹을 것을 드렸지"하고 의아해 했어요. 예수님은 "나의
음식은 아버지의 뜻을 행하고 그 일을 완수하는 것이다"라고 말해
주었어요. 제자들이 없을 때 예수님은 괴롭고 죄 많은 한 여인을
도와주시고 구원받게 해 주셔서 마음이 배부르다고 하신 거예요.

예수님, 저도 주님의 말씀에 잘 순종함으로 언제나 배부르게 해 주세요.
그런데 치킨하고 피자도 좀 주시면 더 감사할 것 같아요.

예수님께서는 "나에게는 너희들이
알지 못하는 먹을 음식이 있다"라고
대답하셨습니다(요 4:32 쉬운성경).

9월 / 8일

작은 도시락

남자 어른만 5,000명이 넘는 사람들이 배고파했어요. 예수님께서
제자들에게 먹을 것을 주라고 하자 제자들은 그렇게 많은 사람들을
먹일 음식이 없다고 했어요. 그 때 작은 사내아이가 엄마가 싸준 작은
도시락을 예수님께 드렸어요. 자기도 배가 고팠지만 예수님께 무엇인가
드리고 싶었던 것이에요.

저도 예수님께 내가 먹을 것을 드릴게요. 예수님께서 그것으로 많은
사람들을 배부르게 해 주세요.

여기 사내아이 하나가 가지고 온 작은 보리 빵 다섯 개와 작은
물고기 두 마리가 있습니다. 하지만 이것만 가지고 이렇게 많은
사람을 어떻게 먹이겠습니까(요 6:9 쉬운성경).

예수님의 말씀

사람들은 욕심의 강물을 열심히 마시지만 목이
말라 괴로워하고 있단다. 그래서 미움의 강물에서,
나쁜 쾌락의 강물에서 엎드려 물을 마시지만
여전히 만족하지 못하고 탄식하고 있단다.
사랑하는 내 아이야, 너는 내게로 와서 마셔라.
내가 네 배에서 생명의 강이, 기쁨의 강이, 사랑의
강이 흘러나오게 해 줄 것이다. 너는 결코 목마르지
않을 것이다.

누구든지 목마르거든 내게로 와서
마셔라. 나를 믿는 사람은 성경이 말한
대로 그의 배에서 생수의 강이 흘러나올
것이다(요 7:37-38 쉬운성경).

9월 / 10일

세상의 빛

세상이 캄캄하면 아무도 자신의 모습을 볼 수 없어요. 자기 몸에
더러운 것이 묻어 있어도 알 수가 없어요. 그리고 앞이 안 보이기
때문에 어디로 가야할지도 몰라요. 그래서 예수님은 세상의 빛으로
오셨어요. 사람들은 자기의 더러운 모습이 보이자 회개하기 보다는
빛을 없애 버렸어요. 그리고 여전히 어둠 속에 있는 것을 좋아해요.

예수님, 저는 어두운 게 싫고 무서워요. 언제나 저를 환하게 비추어
주셔서 더러운 것을 씻어내고, 가야할 길도 알려 주시고, 어두운
마음도 가지지 않게 해 주세요.

나는 세상의 빛이다. 나를 따르는 사람은 어둠
속에서 생활하지 않을 것이며, 생명의 빛을
얻을 것이다(요 8:12 쉬운성경).

진흙처럼 써 주세요

태어나면서부터 앞을 보지 못하는 사람을 예수님께서 고쳐 주셨어요.
말씀만 해도 볼 수 있게 하실 수 있었지만 예수님은 흙에 침을 뱉어
진흙을 만들어서 그 사람의 눈에 발라주시고 실로암 샘에 가서 씻으라고
하셨어요. 그 사람이 순종하자 태어나서 처음으로 앞을 볼 수 있게
되었어요.

예수님, 저는 진흙 같이 어디서나 볼 수 있는 작고 평범한 아이이지만,
예수님은 저를 통해 아픈 사람들을 고치실 수 있어요. 예수님, 저를
진흙처럼 써 주세요.

예수라고 하는 분이 진흙을 만들어 그것을 내 눈에
바르고 실로암 샘에 가서 씻으라고 말씀하셨습니다.
내가 가서 씻었더니 보게 되었습니다 (요 9:11 쉬운성경).

9월 / 12일

마르다와 마리아의 원망

마르다와 마리아는 오빠 나사로가 병들자 예수님께
사람을 보내어 빨리 오셔서 고쳐 달라고 했어요. 하지만 예수님은
일부러 이틀 후에 그들의 집으로 가셨어요. 마르다와 마리아는 예수님께
"왜 일찍 오지 않으셨나요? 일찍 오셨다면 우리 오빠는 죽지 않았을
거예요"라고 하며 원망을 했어요. 하지만 예수님은 병을 고치는 것이
아니라, 죽은 나사로를 다시 살리심으로 사람들에게 믿음을 심어주려고
하셨던 거예요.

예수님, 저도 왜 기도를 빨리 응답해 주지 않으시냐고 원망한 적이
있어요. 죄송해요. 예수님이 천천히 응답하시면 더 좋은 것을 주기
위함이라는 것을 믿고 기다릴 수 있도록 도와주세요.

나사로가 죽었다. 하지만 너희를 위해서는 내가
거기에 있지 않았던 것이 기쁘다. 이것은 너희들이
믿을 수 있도록 하기 위함이다 (요 11:14-15 쉬운성경).

예수님의 눈물

예수님은 마리아와 마리아를 따라 온 유대인들이 우는 모습을 보셨어요. 그것은 원망의 눈물이었어요. 나사로의 죽음을 슬퍼하는 눈물이었어요. 예수님은 사람을 아름답게 창조하시고 영원히 살게 해 주셨지만 사람들은 죄를 짓고, 아프고, 미워하고, 죽음 앞에서 슬퍼하는 모습을 보고 너무나 마음이 아프셔서 눈물을 흘리셨어요.

예수님, 마음 아파하지 마세요. 제가 예수님을 기쁘게 해 드릴게요. 예수님 말씀도 잘 듣고 날마다 기도하고 찬양할게요. 슬퍼하지 마세요.

예수님께서 마리아와 마리아의 뒤를 따라온 유대인들이 우는 모습을 보셨습니다. 예수님의 마음은 격한 감정이 들면서 몹시 아프셨습니다(요 11:33 쉬운성경).

9월 / 14일

마리아의 향유

마리아는 예수님께서 오빠 나사로를
살려주시고 많은 은혜와 사랑을 주셔서
오랫동안 모아 놓은 값비싼 향유를 예수님의
발에 붓고 자기 머리카락으로 닦았어요. 그러자
가룟 유다는 "이 비싼 걸 왜 이렇게 낭비 해? 팔아서
가난한 자들에게 주어야지"라고 비판했어요. 그는 정말
가난한 사람을 생각한 게 아니라 나중에 그 돈을 훔쳐갈 생각을
한 것이에요. 지금도 예수님을 모르는 사람들은 예수님께 드리는
사랑과 헌금을 쓸데없는 짓이고 낭비하는 것이라고 해요.

예수님께서 저를 사랑하신 만큼은 아니지만 저도 예수님을 많이많이
사랑할게요. 예수님께 드리는 것을 조금도 아까워하지 않을게요.

이 여자가 하는 대로 내버려 두어라. 마리아는
내 장례를 치를 날을 위해 이 향유를 준비해 둔
것이다(요 12:7 쉬운성경).

9월 / 15일

하늘나라의 집

예수님께서 하늘나라에서 나를 위해 멋진 집을 짓고 계세요. 황금으로
만드는 집이에요. 세상에서 가장 맛있는 음식들로 가득 차 있는
집이에요. 장난감도, 인형도, 게임기도, 자전거도, 없는 것이 없는
집이에요. 집 앞에는 생명수 강이 흘러서 수영도 마음대로 할 수 있는
집이에요. 내가 예수님의 말씀대로 순종하고, 친구들을 사랑하고,
예수님에 대해 말할 때마다 더 멋진 것들이 생기는 집이에요.

예수님, 저를 위해 세상에서 가장 멋진 집을 마련해 주셔서 감사해요.
이렇게 좋은 선물을 주셨는데 불평하거나 걱정하지 않게 도와주세요.

내가 가서 너희를 위해 한 장소를 마련한
뒤에, 다시 와서 너희를 데려가, 내가 있는
곳에 너희도 있게 하겠다(요 14:3 쉬운성경).

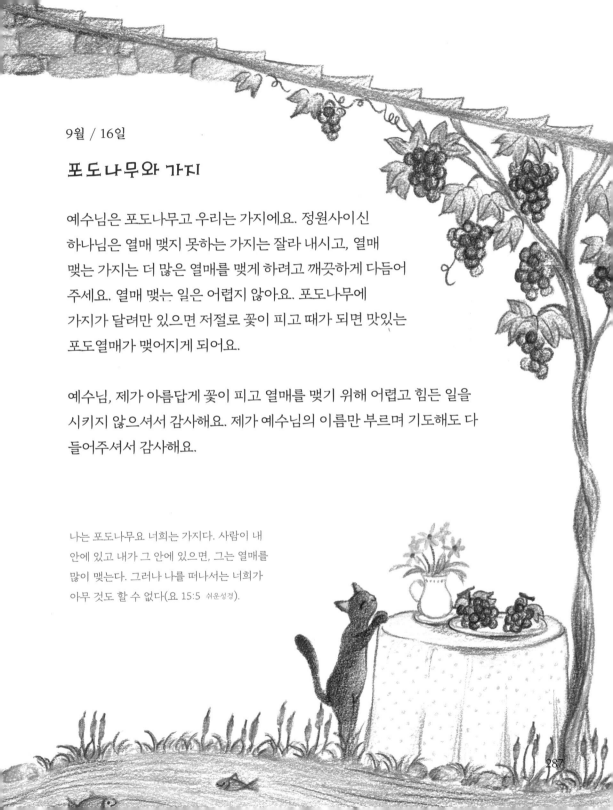

9월 / 16일

포도나무와 가지

예수님은 포도나무고 우리는 가지에요. 정원사이신
하나님은 열매 맺지 못하는 가지는 잘라 내시고, 열매
맺는 가지는 더 많은 열매를 맺게 하려고 깨끗하게 다듬어
주세요. 열매 맺는 일은 어렵지 않아요. 포도나무에
가지가 달려만 있으면 저절로 꽃이 피고 때가 되면 맛있는
포도열매가 맺어지게 되어요.

예수님, 제가 아름답게 꽃이 피고 열매를 맺기 위해 어렵고 힘든 일을
시키지 않으셔서 감사해요. 제가 예수님의 이름만 부르며 기도해도 다
들어주셔서 감사해요.

나는 포도나무요 너희는 가지다. 사람이 내
안에 있고 내가 그 안에 있으면, 그는 열매를
많이 맺는다. 그러나 나를 떠나서는 너희가
아무 것도 할 수 없다(요 15:5 쉬운성경).

287

예수님은 내 친구

예수님은 세상에서 가장 좋은 친구에요. 왜냐하면 나를 위해
목숨을 내 놓을 정도로 나를 사랑하시기 때문이에요. 내가
예수님의 친구가 되기 위해서는 예수님의 말씀대로 순종하면
되어요. 진짜 친구 사이에는 비밀이 없어요. 예수님은 나에게
하나님께 들은 모든 것을 말해주세요. 나도 나의 모든 비밀을
예수님께 말씀드려요. 저는 세상에서 제일 좋은 예수님의 친구가
될 거예요.

예수님께서 세상에서 제일 좋은 친구가 되어주어서 감사해요.
저하고 늘 재미있게 놀아주세요.

내가 너희에게 명하는 것을 행하면 너희는 내
친구다 (요 15:14 쉬운성경).

넘치는 기쁨

생일날 엄마 아빠에게 무엇을 사 달라고 하면 대개는 내가 원하는 것을
주겠다고 약속을 하시고, 정말 생일 선물을 주세요. 그러면 얼마나
기쁜지 모르겠어요. 예수님도 약속하셨어요. 예수님의 이름으로 하늘
아빠에게 무엇이든지 구하면 주신다고요. 제가 기도한 것을 하늘 아빠가
주시면 얼마나 신나는지 몰라요.

약속을 꼭 지키시는 예수님, 저의 기도를 응답해 주셔서 기쁘지만
무엇보다 예수님을 사랑할 수 있어서 가장 기뻐하는 아이가 되게 해
주세요.

지금까지는 너희가 내 이름으로
아무것도 구하지 않았다. 그러나
구하라. 그러면 너희가 받을
것이요, 너희 기쁨이 가득 찰
것이다(요 16:24 쉬운성경).

부활의 첫 증인

예수님께서 십자가에서 죽으시고 차가운 돌무덤에 뉘여 졌어요.
대부분의 제자들은 골고다 언덕에도 가지 않고 집에서 숨어 있었어요.
하지만 막달라 마리아는 예수님의 무덤 앞을 떠나지 않았어요. 예수님은
이제 아무것도 해 줄 수 없지만 마리아는 예수님에 대한 사랑 때문에 떠날
수가 없었던 거예요. 그래서 예수님은 부활하자마자 제일 먼저 막달라
마리아를 만나 주셨어요.

예수님께서 가장 힘드실 때 예수님이 저를 위해 그러셨듯이 제가 옆에
있어드릴게요. 예수님이 저에게 아무것도 안 해 주셔도 예수님을 계속
사랑할게요.

두 제자는 자기 집으로 돌아갔습니다.
그러나 마리아는 무덤 밖에 서서 울고
있었습니다(요 20:10-11 쉬운성경).

마음을 합하여 기도해요

예수님의 말씀에 따라 제자들과 예수님의 어머니 그리고 동생들이
마가의 다락방에서 한마음으로 열심히 기도했어요. 그러자 세찬
바람 소리가 들리고 혀처럼 생긴 불꽃이 사람들 위에 머물면서 모두가
성령으로 충만해졌어요. 제자들과 예수님의 형제들은 더 이상 도망
다니지 않고 목숨을 걸고 예수님을 전하는 사람들이 되었어요.

예수님, 저의 가족과 함께 제가 한마음으로 열심히 기도할 수 있도록
도와주세요. 그래서 우리 가족 모두가 다 성령님으로 충만해서 언제
어디서나 용감하게 예수님을 전할 수 있도록 해 주세요.

이 사람들은 여자들과 예수님의 어머니 마리아와
예수님의 동생들과 함께 꾸준히 한마음으로
기도하였습니다(행 1:14 쉬운성경).

일어나 걸으니오

태어날 때부터 걷지 못하는 사람이 있었어요. 사람들은 날마다 교회 문
앞에 그를 메고 와서 구걸을 하게 했어요. 하지만 그에게 필요한 것은
돈이 아니었어요. 어느 날 베드로는 그를 보고서 "은과 금은 없지만
내게 있는 것을 주겠소. 나사렛 예수 그리스도의 이름으로 일어나
걸으시오"라고 했어요. 그는 즉시 일어나 껑충껑충 뛰면서 하나님을
찬양했어요.

정말 저에게 필요한 것이 무엇인지 알고 계시는 예수님, 제가 이상한 것을
구하면서 살지 않게 해 주세요. 제대로 잘 기도할 수 있는 지혜를 주세요.

모든 사람이 걷지 못하던 사람이
걸어다니는 것과 하나님을 찬양하는 것을
보았습니다(행 3:9 쉬운성경).

아나니아와 삽비라

바나바라는 사람이 자기의 밭을 팔아 헌금을 해서, 그 돈으로 가난한
사람들을 도와주었어요. 그래서 사도들과 성도들이 바나바를
칭찬했어요. 아나니아와 삽비라 부부도 그런 칭찬을 듣고 싶어서 땅을
팔아서 헌금을 했어요. 하지만 아까운 생각이 들어서 돈의 일부는
감추어두고 사도들에게는 전부를 바친다고 거짓말을 했어요.
그들은 거짓말을 한 바로 그 날 둘 다 죽임을 당했어요.

예수님, 제가 칭찬을 들으려고 거짓말을 하지 않게 해 주세요. 어떤
경우도 거짓말을 하지 않고 정직한 아이가
되어서 예수님께 칭찬받게 해 주세요.

베드로가 삽비라에게 물어 보았습니다. "그대와
그대의 남편 아나니아가 땅을 팔아서 받은 돈이
이것뿐이오?" 삽비라는 "예, 그것뿐입니다"라고
대답했습니다(행 5:8 쉬운성경).

천사의 얼굴

가난한 과부들에게 구제금이 공평하게 주어지지
않아서 사도들에게 불평을 했어요. 사도들은
기도하고 말씀 전하는 일에만 전념하고 싶어서 이
일을 잘 처리할 일곱 집사를 뽑았어요. 그 중에 한
명인 스데반은 구제뿐만 아니라, 전도도 잘 하고
병자들도 고쳐주었어요. 이를 질투하던 율법사들은
스데반이 성전과 율법을 욕했다는 거짓 증언을 하게
했어요. 재판장에서 사람들이 스데반을 쳐다보니
그의 얼굴이 천사의 얼굴 같았어요. 스데반은 주님을
바라보고 거짓 증언을 한 사람들도 사랑했기 때문이에요.

예수님, 저를 친구들이 놀리고 욕하면 화가 나서 저도 욕하고
싶어요. 나쁜 말을 들어도, 언제나 예수님을 바라보고 천사의
얼굴을 가진 아이가 될 수 있도록 도와주세요.

공의회에 모인 사람들 모두가 스데반을
쳐다보았습니다. 그의 얼굴은 마치 천사의
얼굴과 같았습니다(행 6:15 쉬운성경).

마술사 시몬

사마리아 성의 시몬을 사람들은 커다란 능력을 가진 사람이라고
생각했어요. 시몬이 마술로 사람들을 놀래게 했기 때문이에요. 하지만
빌립이 그 성에 가서 하나님의 능력으로 기적을 행하고 병을 고쳐주자,
시몬은 자기처럼 거짓이 아니라 참된 능력을 가진 빌립을 따라다녔어요.
베드로와 요한이 기도하면 성령의 능력이 사람들에게 임하는 것을 보고
시몬은 돈을 주어서 그 능력을 얻게 해 달라고 했어요. 그러자 베드로는
회개하라고 꾸짖었어요.

예수님, 제가 거짓으로 사람들의 관심을 사려고 하지 않게 해 주세요.
제가 쉽게 하나님의 은혜를 받으려고 하지 않고 열심히
기도해서 얻게 해 주세요.

베드로가 그에게 대답했습니다. "그대가 하나님의
선물을 돈으로 살 수 있다고 생각했으니, 그대는
돈과 함께 망할 것이오"(행 8:20 쉬운성경).

빌립의 순종

빌립은 사마리아 성에서 전도하고 말씀을 전하느라 매우
바빴어요. 그런데 어느 날 성령님이 빌립에게 아무도 없고
너무나도 뜨거운 광야로 가라고 하셨어요. 그곳에 왜
가야하는 지를 설명하지 않았어요. 빌립은 아무 이유도 모른
채 순종했어요. 빌립이 광야에 가자, 마침 그곳을 지나던
에티오피아의 내시를 만나게 되어서, 그에게 복음을
전했어요. 그 내시를 통해 에티오피아 나라에서
모든 사람들이 예수님을 믿게 되었어요.

예수님, 제가 예수님의 명령이라면 묻지도,
따지지도 않고 무조건 순종할 수 있도록
도와주세요. 저의 순종으로 사람들이 예수님을
알게 해주세요.

빌립이 입을 열어 이 성경 구절로부터
시작해서 그 사람에게 예수님에 관한
복음을 전했습니다 (행 8:35 쉬운성경).

예수님을 만난 사울

사울은 예수님을 믿는 사람들을 잡아 죽이기 위해 다마스커스로
내려가고 있었어요. 그 때 하늘에서 빛이 비추이면서 "왜
네가 나를 박해하느냐?"라는 음성이 들렸어요. 사울이
"누구십니까?"라고 하자 "나는 네가 박해하는 예수다"라고
하셨어요. 예수님은 사울이 박해하는 그리스도인과 자신을
동일시 하신 거예요. 사울은 3일 동안 앞을
보지 못했으며 먹지도, 마시지도 않고
회개를 했어요.

예수님, 제가 어떤 경우에도
예수님을 믿는 친구들에게
못된 짓이나 나쁜 말을 하지
않게 도와주세요. 언제나 그
친구들을 예수님 대하듯이 대할 수
있도록 해주세요.

사울은 "주님은 누구십니까?"라고
물었습니다. "나는 네가 박해하는
예수다"(행 9:5 쉬운성경).

아픈 사람들을 고치고 살리는 베드로

8년 동안 중풍 병으로 누워있던 애니아를 베드로는 예수님처럼
기도해서 고쳐 주었어요. '사슴'이라는 뜻의 이름을 가진 도르가는
항상 착한 일을 하고 가난한 사람들을 돕는 제자였지만, 그만 죽고
말았어요. 베드로는 그녀도 기도해서 예수님처럼 살려 주었어요.

예수님, 저도 예수님처럼, 베드로처럼 의사들이 못 고치는
병과 잘 먹지 못해서 병든 친구들을 기도해서 고칠 수 있도록
도와주세요.

베드로는 사람들을 모두 내보낸 뒤에 무릎을 꿇고
기도했습니다. 그리고 나서 시신을 향해 몸을 돌려
"다비다여, 일어나시오!"라고 말했습니다. 그러자
다비다가 눈을 떠서 베드로를 보더니 일어나
앉았습니다(행 9:40 쉬운성경).

298

백부장 고넬료

로마군대의 백부장인 고넬료는 하나님을 잘 믿는 경건한 사람이었어요. 그는 유대인을 괴롭히지 않고 열심히 가난한 사람들을 도우며 기도에 힘썼어요. 하나님은 그의 기도를 듣고 구제를 보고 계셨어요. 그래서 천사를 보내어서 베드로를 불러오라고 하셨고, 베드로를 통해 고넬료와 그의 모든 가족이 예수님을 믿고 성령으로 충만하게 하셨어요.

저도 하나님이 들으시는 기도를 하고 싶어요. 하나님, 저희 착한 행동을 보시고 기억해 주세요. 저에게도 천사를 보내주셔서 좋은 소식을 듣게 해 주세요.

고넬료는 경건한 사람이었습니다. 그와 그의 집에 사는 모든 사람이 하나님을 공경하고 경외하였습니다. 그는 가난한 사람들에게 아낌없이 돈을 주었고, 늘 하나님께 기도했습니다(행 10:2 쉬운성경).

잡아먹어라

하나님은 베드로가 가지고 있던 안 좋은 생각을 고쳐 주시려고
환상을 보여주시며 부정한 짐승을 잡아먹으라고 하셨어요.
베드로는 속되고 부정한 짐승을 먹을 수가 없다고 대답했어요.
아담은 하나님이 먹지 말라는 것을 먹어서 죄를
지었어요. 베드로는 하나님이 이미 깨끗하게 한
것인데도 "속된 것이다"라고
하면서 먹지 않았어요.

하나님, 저의 생각과 맞지
않고, 이해가 잘 안 되어도,
하나님께서 먹으라면 먹고,
먹지 말라면 먹지 않는,
순종하는 아이가 되게 해주세요.

그 때, 베드로에게 음성이 들려
왔습니다. "베드로야, 일어나 그것들을
잡아먹어라"(행 10:13 쉬운성경).

9월 / 30일

알 수 없지만 믿어요

헤롯 아그립바 왕이 야고보를 잡아서 죽였어요. 유대인들이
이를 기뻐하자, 베드로도 죽이려고 붙잡아서 감옥에
넣었어요. 하지만 하나님은 천사를 보내셔서 베드로를 구해
주셨어요. 왜 하나님은 야고보는 그냥 죽게 내버려 두시고
베드로는 살려주셨을 까요? 그 이유는 알 수가 없어요.

하나님, 저는 작은 아이라서 하나님이 하시는 일들을 다
이해할 수가 없어요. 하지만 하나님이 하시는 모든 일은 옳고,
저를 사랑하시기 때문이라는 것을 믿어요.

이제야 나는 이 모든 것이 실제라는 것을 알겠다.
주님께서 천사를 보내어, 나를 헤롯의 손에서, 그리고
유대인들의 모든 계략에서 구하셨다(행 12:11 쉬운성경).

10

October

너는 세상 그 무엇보다
귀엽단다

10월 / 1일

기도하고 믿어요

마가의 어머니, 마리아의 집에서 성도들이 베드로를 구해달라고 하나님께
기도를 하고 있었어요. 천사의 도움으로 감옥을 나온 베드로는 그
집에 가서 문을 두드렸어요. 로데라는 여종이 문을 열어주려 나오다가
베드로의 목소리를 알아듣고 너무 기뻐서 그만 문 열어주는 것도 잊고,
성도들에게 달려가서 "베드로가 감옥에서 나와 여기로 왔어요"라고
소리쳤어요. 그 소리를 듣고 열심히 기도하던 사람들은 "네가
미쳤구나"라고 말했어요.

제가 열심히 기도는 하지만, 하나님이 들어주신다는 것을 믿지 못하는
어리석은 아이가 되지 않도록 도와주세요.

그러자 사람들은 여종에게 "네가 미쳤구나" 하고 말했습니다. 그러나
여종이 계속해서 참말이라고 우기자, 사람들은 "그렇다면 베드로의
천사인가 보다"라고 말했습니다(행 12:15 쉬운성경).

벌레에 먹혀 죽은 헤롯

헤롯 왕이 빛나는 옷을 입고 연설을 할 때 사람들은 아부를 하기 위해서 "이것은 사람의 소리가 아니라 신의 소리다"라고 외쳤어요. 그 말을 들은 헤롯은 으스대면서 하나님께 영광을 돌리지 않았어요. 그러자 천사가 헤롯의 배에 벌레가 생겨서 그가 먹혀 죽게 했어요.

하나님 아빠, 제가 사람들의 칭찬을 들을 때 잘난 체하지 않고 "하나님이 다 해 주신 거예요"라고 하는 겸손한 아이가 되게 해 주세요.

그러나 헤롯이 하나님께 영광을 돌리지 않았기 때문에, 주님의 천사가 즉시 헤롯을 내리쳐서 헤롯은 벌레에 먹혀 죽고 말았습니다(행 12:23 쉬운성경).

하나님의 마음에 드는 다윗

다윗은 하나님의 마음에 드는 사람이었어요. 그는 자기가 하고 싶은 대로 하는 사람이 아니라, 하나님이 원하는 대로 사는 사람이었어요. 그래서 하나님은 다윗에게 크고 많은 복을 주시고, 예수님이 다윗의 자손으로 이 땅에 오게 하셨어요.

하나님, 저는 제가 먹고 싶은 게 있으면 무조건 사달라고 조르고, 놀고 싶은 데 못 놀게 하면 막 화를 내요. 죄송해요. 하나님께도 제가 원하는 것을 해 달라는 기도만하지 말고, 하나님이 저에게 원하시는 것이 무엇인지 알려고 하는 아이가 되게 해 주세요.

하나님께서는 다윗에 대해 "내가 이새의 아들 다윗을 보니, 그는 내 마음에 드는 사람이다. 그가 내 뜻을 다 이룰 것이다"라고 말씀하셨습니다(행 13:22 쉬운성경).

10월 / 4일

똑같은 사람이에요

태어날 때부터 걷지를 못했던
어떤 사람이 어느 날 바울의
설교를 들었어요. 바울이
그를 보았을 때 고침 받을 믿음이
있다는 것을 알고 큰 소리로 "당신 발로
똑바로 일어나 서시오"라고 했어요. 그러자 그는 벌떡 일어나
걷기 시작했어요. 이것을 본 동네 사람들은 바울과 바나바를 신으로 알고
엎드려 제사를 지내려고 했어요. 바울은 깜짝 놀라서 "나도 당신들과 똑같은
사람이오" 하며 그들을 말렸어요.

제가 하나님께서 하신 일을 내가 한 것처럼 뽐내면서 사람들에게 절 받는 것을
좋아하지 않게 해주세요. 오히려 예수님처럼 사람들의 발을 닦아주는 아이가
되게 해 주세요.

여러분, 어찌하여 이런 행동을 하십니까? 우리도 여러분과
똑같은 사람에 지나지 않습니다(행 14:15 쉬운성경).

돌로 때려도 사랑해요

바울이 루스드라에서 열심히 전도를 하고 있을 때 안디옥과
이고니온에서 온 유대인들이 돌로 바울을 쳤어요. 사람들은 바울이
죽은 줄 알고 성 밖에 두었어요. 제자들이 바울의 주위에 섰을 때
바울은 깨어나서 다시 전도를 했어요. 더욱이 자기를 돌로 때린
사람들이 사는 안디옥과 이고니온에 가서 말씀을 전하고 제자들을
위로했어요.

하나님, 친구들이 저를 놀리면 저는 화가 나서
친구들을 밀치곤 했어요. 죄송해요. 저도
바울처럼 저를 괴롭혀도 사랑하고
또 사랑할 수 있는 아이가 되게 해
주세요.

그들은 그 곳에서 제자들을 격려하고, 믿음 안에
머물러 있으라고 권했습니다. 그리고 "하나님
나라에 들어가려면 많은 고난을 겪어야 한다"고
말했습니다(행 14:22 쉬운성경).

10월 / 6일

도와주세요

바울은 아시아로 가려고 했지만 성령님이 허락하지 않았어요.
그런데 환상 중에서 어떤 마케도니아 사람이 "마케도니아로 와서
도와주세요"라고 하는 것을 보았어요. 바울은 이것이 하나님의
뜻이라고 확신하고 바로 그곳으로 갔어요. 바울은 자기가 가고 싶은
곳에 가는 것이 아니라 하나님이 가라고 하는 곳에만 갔어요.

하나님, 북한에서, 아프리카에서 도와달라고, 배가
고프다고, 복음을 전해달라고 하는 사람들의 말을
듣고 바울과 같은 좋은 전도자가 갈 수 있도록 해
주세요.

바울은 밤에 어떤 마케도니아 사람이 바울 앞에 서서
"마케도니아로 건너와서 우리를 도와 주십시오"라고 애원하는
환상을 보았습니다(행 16:9 쉬운성경).

아파도 찬양해요

빌립보에서 바울과 실라는 전도를 하다가 심하게 매를 맞고 감옥에
갇혀서 쇠고랑에 매여 있었어요. 전도를 하는데 왜 하나님이 안
도와주시냐고 불평하지 않고 오히려 기쁘게 큰 소리로 찬양을 했어요.
그러자 큰 지진이 일어나고 모든 죄수의 쇠고랑이 풀어지고 감옥 문이
다 열렸어요.

제가 하나님이 좋은 것을 주시고, 기분이 좋을 때만 찬양하지 말고
힘들고 나쁜 일이 생겨도 큰 소리로 찬양할 수 있도록 도와주세요.
그래서 하나님의 기적을 체험할 수 있도록 해 주세요.

한밤중에 바울과 실라는 하나님께
기도를 하며 찬송을 불렀습니다. 다른
죄수들도 그들의 기도와 찬송 소리를
듣고 있었습니다(행 16:25 쉬운성경).

도망가지 않아요

바울과 실라가 찬양을 하자 감옥 문이 다 열렸어요. 그러면 빨리 도망가고 싶을 텐데 바울은 그대로 있었어요. 잠자던 간수는 옥문이 열린 것을 보고 죄수들이 다 도망을 간 줄로 여겼어요. 그래서 자결을 하려고 하자 바울은 큰 소리로 "당신 몸을 해하지 마시오. 우리는 다 여기 있습니다"라고 했어요. 그리고 간수와 그의 가족들에게 전도를 해서 모두가 세례를 받게 했어요.

하나님, 저는 힘들고 무서우면 도망가고 싶어요. 하지만 제 행동 때문에 다른 사람이 괴로울 수도 있다는 것을 잊지 않게 도와주세요.

그리고 바울과 실라는 간수와 그의 집에 있는 모든 사람에게 주님의 말씀을 전했습니다(행 16:32 쉬운성경).

10월 / 9일

잘 만들어요

바울은 공부를 열심히 해서 훌륭한 학자가 되었어요.
그래서 신약성경 27권 중에서 13권을 썼어요. 그리고
천막을 만드는 기술도 가지고 있어서 열심히 일을 했어요.
바울은 사람들에게 부담을 주지 않으려고 자기의 생활비를
마련하면서 복음을 전했던 것이에요.

예수님, 저도 열심히 공부하고 로봇과 인형 그리고
장난감들을 잘 만들어서 바울과 같은 좋은
전도자가 될 수 있도록 도와주세요.

그들의 직업이 같았기 때문에 바울은 그들과 함께
묵으면서 그들과 같이 일했습니다. 천막 만드는
것이 그들의 직업이었습니다(행 18:3 쉬운성경).

좋은 친구들

바울에게는 좋은 친구들과 함께 일하는 동역자들이
있었어요. 바나바, 마가, 실라, 누가, 디모데 그리고
브리스길라와 아굴라 부부도 있었어요. 특히 의사 누가는
아픈 바울을 옆에서 평생 돌보아 주었어요.

하나님, 제가 친구들하고 놀지만 말고, 함께 열심히 기도도
하고, 예배도 드리고, 예수님에 대해 말할 수 있도록
도와주세요.

바울은 형제들과 함께 고린도에 며칠 더
머물다가 그들과 작별하고 배를 타고
시리아로 갔습니다. 브리스길라와 아굴라도
그와 동행하였습니다(행 18:18 쉬운성경).

10월 / 11일

위험한 곳에 있으면 안 돼요

바울은 마지막 설교를 해야 하기 때문에 밤늦도록
했어요. 유두고는 바울의 설교를 3층 창가에 앉아서 듣다가
졸았어요. 그러다가 더 깊이 잠이 들어서 결국 창밖으로
떨어졌어요. 사람들은 놀라서 급히 가 보았지만 이미 죽었어요.
왜 그렇게 위험한 데서 설교를 들었을 까요? 유두고는 창 밖에서
나는 소리를 듣고, 밖을 쳐다보다가 졸았던 것 같아요.

하나님, 제가 위험한 곳에 있지 않게 해주세요. 특히 하나님
말씀을 들을 때 딴 짓을 하지 않도록 도와주세요.

유두고라고 하는 청년이 창문에 자리 잡고 앉아
있었는데, 바울의 말이 너무 오래 계속되자, 잠이 들어
그만 삼층에서 떨어졌습니다. 사람들이 그를 일으켜
보니, 이미 죽어 있었습니다(행 20:9 쉬운성경).

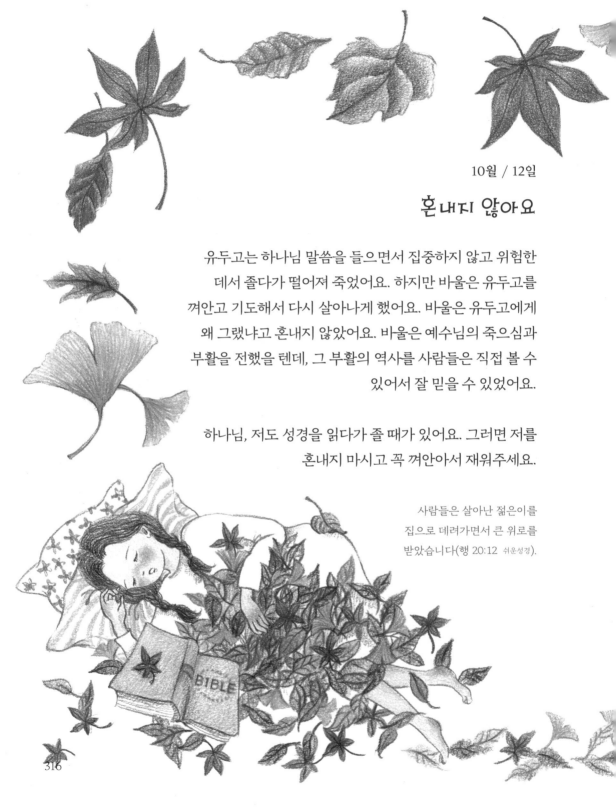

10월 / 12일

혼내지 않아요

유두고는 하나님 말씀을 들으면서 집중하지 않고 위험한 데서 졸다가 떨어져 죽었어요. 하지만 바울은 유두고를 껴안고 기도해서 다시 살아나게 했어요. 바울은 유두고에게 왜 그랬냐고 혼내지 않았어요. 바울은 예수님의 죽으심과 부활을 전했을 텐데, 그 부활의 역사를 사람들은 직접 볼 수 있어서 잘 믿을 수 있었어요.

하나님, 저도 성경을 읽다가 졸 때가 있어요. 그러면 저를 혼내지 마시고 꼭 껴안아서 재워주세요.

사람들은 살아난 젊은이를 집으로 데려가면서 큰 위로를 받았습니다 (행 20:12 쉬운성경).

316

10월 / 13일

어떤 상황에너도

사람들이 거짓말로 모함해서 바울을 마구 때렸어요. 아마 옷도
찢겨지고 얼굴에서 피도 흘렸을 거예요. 더구나 로마 군병들은
바울이 아주 나쁜 사람인줄 알고 두 개의 쇠사슬로 그를 묶었어요.
바울은 많이 아프고 몸을 제대로 움직일 수도 없었을 거예요. 하지만
바울은 계단에 엉거주춤하게 서서 예루살렘 사람들에게 마지막
전도를 하였어요. 바울은 자기 동포를 너무나 사랑했어요.

예수님, 저도 몸이 아파도, 친구들이 놀려도, 언제나
예수님을 사랑하고, 예수님의 사랑을 말하는
아이가 되게 해 주세요.

천부장이 허락하자, 바울은 층계 위에 올라서서
손을 내저어 무리를 조용하게 했습니다.
잠잠해지자 바울이 히브리 말로
연설했습니다(행 21:40 쉬운성경).

10월 / 14일

언제나 지켜주세요

유대인들 중에 40명이 바울을 죽이기 전에는 아무것도 먹지 않고 물도
마시지 않겠다고 맹세를 했어요. 너무나도 무서운 미움의 맹세였어요.
그들은 바울이 지나갈 때 길에서 숨었다가 죽이기로 계략을 짰어요.
그래서 하나님은 로마 군병 470명을 보내서 바울을 안전하게 지켜주셨어요.

하나님, 제가 위험에 빠지면 천사들을 보내셔서 안전하게 지켜주세요.
그리고 제가 하나님 아빠가 언제나 지켜주신다는 것을 잊지 않게 해 주세요.

군인들은 명령대로 그 날 밤으로 바울을 데리고
안디바드리까지 갔습니다(행 23:31 쉬운성경).

10월 / 15일

왕에게도 전도해요

유대인들의 모함 때문에 바울은 당시 지도자들인 로마 총독과
이스라엘의 왕 앞에서 죄수의 신분으로 재판을 받아야만 했어요.
하지만 바울은 그들을 두려워하지도 않고, 자기를 고소한 유대인들을
욕하지도 않았어요. 바울은 기회가 있는 데로 열심히 전도를 했어요.

하나님, 우리나라의 대통령께서도 예수님을 믿고
좋은 대통령이 될 수 있도록 도와주세요.

바울이 대답했습니다. "짧은 시간이든 긴 시간이든 왕뿐만 아니라
지금 제 말을 듣고 있는 모든 사람들이 이렇게 결박된 것 말고는
저처럼 되기를 하나님께 기도합니다"(행 26:29 쉬운성경).

누구의 말을 들어야 할까요?

바울은 드디어 배를 타로 로마로 가게 되었어요.
'아름다운 항구'라는 곳에서 다음 목적지로 가려고 할 때 바울은
"여기서 겨울을 보내고 가야 합니다. 만약 다른 데로 가면 많은 손실을
당할 뿐만 아니라 우리들의 목숨도 위험하게 됩니다"라고 하나님의
말씀을 전했어요. 하지만 백부장은 선장과 선주의 말을 듣고 가다가
태풍을 만나게 되었어요. 백부장은 하나님의 말씀보다 선장의 경험과
선주의 욕심을 따라간 것이에요.

하나님, 제가 이 세상에서 그 누구의 말보다
하나님의 말씀을 듣고 순종하는 아이가 되게
해 주세요.

그러나 백부장은 바울의 말을
듣기보다는 선장과 선주의 말을 더
믿었습니다(행 27:11 쉬운성경).

감사기도

바울이 전한 하나님의 말씀을 듣지 않아서 '유라굴로'라는 태풍을
만나게 되었어요. 배에 있던 276명은 14일 동안 먹지도 못하고 죽음의
공포 속에서 떨고 있었어요. 바울은 또 다른 예언의 말씀으로 그들을
위로하고 빵을 먹이기 전에 감사기도를 했어요. 모두 바울을 신뢰했기
때문에 같이 기도하고 빵을 먹은 후에 힘을 내었어요.

하나님, 아프리카에는 3년 동안 비가 오지 않아서
굶고 있는 친구들이 많이 있어요. 그 곳에 비를
내려주시고 친구들에게 먹을 것을 보내 주세요.

그러자 사람들도 용기를 얻어 음식을
먹었습니다(행 27:36 쉬운성경).

아무런 해도 입지 않아요

모든 사람들이 '몰타'라는 섬에 내렸지만 날씨가 매우 추웠어요.
나이 많은 바울은 사람들을 위해 장작 한 무더기를 불에 넣었어요.
그 때 장작 속에 있던 독사가 바울의 손을 물었어요. 사람들은 '바울은
정말 나쁜 사람인가보다. 바다에서 겨우 살아나왔는데 정의의 신이
심판하는 구나'라고 생각했어요. 하지만 바울이 죽지 않고 멀쩡하자,
섬사람들은 그를 '신'이라고 불렀어요.

하나님, 제가 친구들을 돕다가 다쳐도 두려워하지 않게 도와주세요.
하나님께서 얼른 고쳐주세요.

그러나 바울은 그 뱀을 불 속에
떨어 버렸고, 아무런 해도 입지
않았습니다(행 28:5 쉬운성경).

로마 군인

마침내 로마에 도착한 바울은 재판을
받기 전 2년 동안 로마 군인이 지키는 셋집에서
살았어요. 찾아오는 많은 사람들에게 바울은 하나님의 말씀을
담대하게 전했어요. 그를 지키던 왕궁 수비대 군인들도 복음을 듣고
예수님을 믿게 되었어요. 그래서 결국 200여년이 지난 후에 로마는
기독교 국가가 되었어요. 이를 위해 바울은 순교를 했어요.

하나님, 우리나라에도 많은 군인 아저씨들이 있어요. 그 분들이
예수님을 믿고 좋은 군인들이 될 수 있도록 도와주세요.

우리가 로마에 도착했을 때, 바울은 그를
지키는 군인 한 사람과 함께 혼자 지내도
된다는 허락을 받았습니다(행 28:16 쉬운성경).

<u>소와 돼지</u>

사람들은 참 이상해요. 소를 신으로 섬기고 돼지 머리 앞에서 절을
하면서 도와달라고 기도를 해요. 사람들에게 잡혀 먹히는 소와
돼지가 어떻게 신이 될 수 있나요? 나는 햄버거도 좋아하고 핫도그도
좋아해요. 그럼 내가 신을 먹는 건가요?

하나님이 만드신 이 아름다운 자연과 동물들을 신으로 섬기는
사람들을 불쌍히 여기시고 오직 하나님만 섬길 수 있는 지혜를 주세요.

또 사람들은 불멸의 하나님의 영광을 죽을 수밖에
없는 인간이나 새나 짐승 또는 뱀과 같은 모양으로
바꾸어 버렸습니다(롬 1:23 쉬운성경).

대신 죽는 사랑

부모님을 위해서, 자식을 위해서, 사랑하는 사람을 위해서 그리고
많은 사람들을 위해서 대신 죽는 사람은 있어요. 하지만 살인자,
도둑, 거짓말쟁이를 위해 대신 죽는 사람은 없어요. 그런데 예수님은
죄인들을 위해 대신 죽으셨어요. 예수님은 죄인 된 우리를 너무나
사랑하기 때문이에요.

예수님, 저를 위해 죽으실 만큼 사랑해 주셔서 감사해요. 저도
예수님만을 사랑할게요.

그리스도께서는 우리가 아직 죄인이었을 때에 우리를 위해
죽으셨습니다. 이것으로써 하나님께서는 우리를 향한
그분의 사랑을 나타내셨습니다(롬 5:8 쉬운성경).

나를 위해 기도해 주시는 분

나를 위해 엄마 아빠가 매일 기도해 주세요.
성령님께서는 말로 다 할 수 없을 정도로 나를 위해
기도해 주세요. 예수님은 하나님의 오른편에 앉아
계시면서 나를 위해 기도해 주세요. 그래서 나는
어디를 가든, 무엇을 하든, 아무 것도 무섭지 않아요.

하나님, 저를 위해 기도해 주는 분들이 있게 해
주셔서 감사해요. 저도 열심히 엄마 아빠를 위해,
친구들을 위해 기도할 수 있도록 도와주세요.

그분은 죽으셨을 뿐만 아니라, 다시 살아나
하나님의 오른편에 앉아 계시면서 우리를 위해
중보 기도를 하고 계십니다(롬 8:34 쉬운성경).

10월 / 23일

찰흙 만들기

야곱과 에서가 태어나기도 전에 왜 하나님은 동생 야곱을
택하시고 형 에서가 야곱을 섬기게 했는지, 나는 몰라요. 하지만
하나님은 좋은 분이시니깐 반드시 좋은 이유가 있을 거예요.
찰흙놀이를 할 때 내가 만들고 싶은 데로 영웅도 만들고 악당도
만들어요. 그것을 가지고 아무도 뭐라고 하지 않아요.

하나님께서 하시는 일들을 저는 다 이해하지 못해요. 그러나 저를
위해 언제나 좋은 일을 해 주신다는 것을 믿어요. 감사해요.

토기그릇을 만드는 사람이 똑같은 진흙으로 귀하게
사용할 그릇과 천하게 사용할 그릇을 만들 권한이
없단 말입니까?(롬 9:21 쉬운성경).

모든 것이 소중해요

만화영화를 볼 수 있어서 좋아요. 이렇게 재미있는 것을 볼 수 있는 눈이 있어서 참 좋아요. 하지만 내 몸이 전부 눈이라면 어떻게 들을 수 있나요? 내 몸이 전부 귀라면 어떻게 맛있는 것을 먹을 수 있나요? 눈도 필요하지만 손가락도 필요하고, 콧구멍도 필요하고 배꼽도 필요해요. 내 몸의 모든 것이 소중해요. 그리고 모든 사람들이 하나님께는 소중해요.

하나님, 제가 이 세상에서 작지만 꼭 필요한 일을 하는 소중한 아이가 될 수 있도록 해 주세요.

여러분들은 그리스도의 몸이며, 한 사람 한 사람은 그 몸의 지체입니다(고전 12:27 쉬운성경).

10월 / 25일

많이 아파도...

바울은 부자 집에서 태어나 편안하게 살 수 있었어요. 하지만 그는
예수님을 믿고 복음을 전하다가 많은 핍박과 아픔을 당했어요.
여러 번 몽둥이와 돌에 맞고, 감옥에 갇히고, 배고프고 목마르고,
굶기도 자주 하고, 추위에 떠는 고통도 받았어요. 바울은 예수님
때문에 당하는 아픔을 감사하고 영광으로 여겼어요.

하나님, 저도 예수님을 믿고 전도하다가 아픔을 당하면
무서워하지 말고 바울처럼 잘 이겨낼 수 있도록 도와주세요.

셀 수 없을 정도로 매를 많이 맞았고, 죽을
고비도 여러 번 넘겼습니다(고후 11:23 쉬운성경).

기도를 안 들어 주녀도

바울은 몸이 아파서 고쳐 달라고 하나님께 세 번이나 기도했어요.
하지만 하나님은 "내 능력이 너의 약함을 통해 온전해 진다"라고
하시며 고쳐 주지 않으셨어요. 바울은 슬퍼하거나 화내지 않고 더
기뻐하고 자기의 약함을 자랑했어요.

하나님께서 왜 저의 기도를 응답해 주지 않으시는지 잘
모르겠어요. 하지만 그것도 다 저를 위한 것인 줄 믿고 감사해요.
저에게 예수님만 있으면 괜찮아요.

나는 그리스도의 능력이 내 위에 머물러
있도록 하기 위해서 나의 약한 것들을 더욱
기쁘게 자랑합니다(고후 12:9 쉬운성경).

심은 대로 거두어요

딸기 씨를 흙에 심으면 나중에 딸기 열매를 거둘 수 있어요.
포도 씨, 수박 씨, 바나나 씨를 심으면 맛있는 열매를 거둘 수
있어요. 기도와 찬송 그리고 감사의 씨를 심으면 이 세상에서
가장 예쁘고 달콤한 열매를 거둘 수 있어요.

하나님, 매일매일 예쁘고 착한 말과 행동을 심어서 기쁨의
열매를 거둘 수 있도록 도와주세요.

스스로 속이지 마십시오. 하나님을 속일
수는 없습니다. 사람은 자기가 심은 대로
거둘 것입니다(갈 6:7 쉬운성경).

하나님의 전신갑주

악한 마귀가 우리를 쓰러뜨리려고 불화살을 쏘고 많은 공격을 해와요. 그래서 우리는 구원의 투구를 쓰고, 믿음의 방패를 가지고, 성령의 칼을 쥐고, 전신갑주를 입고 있어야 해요. 그러면 어떤 마귀의 공격도 막아내고 승리할 수 있어요.

하나님, 저에게 아이언 맨보다 더 강한 전신갑주를 입혀주세요. 그래서 절대 마귀에게 지지 않도록 도와주세요.

하나님의 전신갑주가 필요한 이유가 여기 있습니다. 그것은 악한 날에 쓰러지지 않고 싸움이 끝난 후에도 굳건히 서기 위해서입니다(엡 6:13 쉬운성경).

10월 / 29일

상을 받기 위해서?

교회에서 전도를 많이 하면 상을 주어요. 1등을 하면 제일 큰
상품을 받을 수 있어요. 그래서 큰 상품을 받기 위해 전도를 하기도
해요. 1등이 되고 싶어서 전도를 하기도 해요. 어떤 이유에서든지
전도를 하는 것은 좋은 것이에요. 하지만 순수한 마음으로
친구들을 사랑하기 때문에 전도하면 훨씬 더 좋은 것이에요.

제가 언제나 예수님을 사랑하고 친구들을 사랑하는 마음으로 살게
해주세요. 예수님보다 상품을 더 좋아하지 않게 해 주세요.

사랑으로 복음을 전하는 일에 애쓰고
있습니다(빌 1:16 쉬운성경).

누구 아빠가 제일 크게?

친구들이 아빠 자랑을 하기 시작했어요. 한 친구는 "우리 아빠는 큰 회사 사장님이야, 내가 말하면 뭐든지 사줘"라고 했고, 한 친구는 "우리 아빠는 방송국에서 일해, 그래서 유명한 연예인 많이 알아", 그러자 또 다른 친구는 "우리 아빠는 대통령하고 일해, 그러니 우리 아빠가 제일 높은 사람이야"라고 했어요. 저는 "우리 아빠는 맨날 성경 읽고 하나님하고 친해, 그러니깐 제일 높은 사람은 우리 아빠야"라고 했어요.

하나님, 제가 뭐든지 1등 하려는 마음보다는 친구들을 높여주는 겸손한 아이가 될 수 있도록 도와주세요.

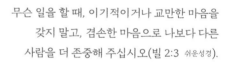

무슨 일을 할 때, 이기적이거나 교만한 마음을 갖지 말고, 겸손한 마음으로 나보다 다른 사람을 더 존중해 주십시오(빌 2:3 쉬운성경).

10월 / 31일

파란 마음

짜증내는 마음, 화내는 마음, 욕심내는 마음, 미워하는
마음, 슬퍼하는 마음, 감사하지 않는 마음, 나만 아는 마음,
잘난체 하는 마음이 아니라 가을 하늘처럼 맑고 파란
마음을 가지고 싶어요.

예수님, 빨갛고 노란 단풍잎처럼 제 마음도 예수님의
사랑으로 예쁘게 물들여 주세요.

여러분 역시 깨끗한 마음을 가질 수 있을
것입니다(빌 2:15 쉬운성경).

11

November

너는 세상 그 무엇보다
용감하단다

예수님이 최고예요

아이언맨, 수퍼맨, 원더우먼, 베트맨, 스파이더맨보다 예수님이
좋아요. 치킨이랑 아이스크림이랑 사탕보다 예수님이 좋아요.
놀이동산보다 예수님이 좋아요. 영어와 수학을 아는 것보다
예수님을 아는 것이 훨씬 더 좋아요.

예수님보다 더 좋은 것이 없다는 것을 잊지 않게 해 주세요.
언제나 예수님을 생각하며 사랑할게요.

이 세상 그 어떤 것도 내 주 예수
그리스도를 아는 것과 비교가 되지
않습니다(빌 3:8 쉬운성경).

십자가의 원수

예수님의 이야기를 거짓이라고 하고 예수님을 믿지도 않으며
너무나 악한 일을 하는 사람들이 있어요. 우리 같은 어린
친구들을 납치해서 밥도 잘 주지 않고 힘든 노동을 하게 하며
병들게 하는 사람들이 있어요. "서로 사랑하라"는 예수님의
말씀을 완전히 반대로 행하는 사람들이에요.

하나님, 악한 사람들이 회개할 수 있도록 도와주세요. 힘든 노동
속에서 아파하는 친구들이 구원될 수 있도록 도와주세요.

오히려 많은 사람들이 그리스도
십자가의 원수처럼 살아가고
있습니다(빌 3:18 쉬운성경).

빛나는 몸

이 세상에서는 천사 같은 아기로 태어나서 어른이 되면 건장한 몸을 가지게 되어요. 하지만 할머니, 할아버지가 되어서 연약하고 병든 몸을 가지게 돼요. 그리고 결국 죽어서 땅에 묻히게 되어요. 하지만 천국에서는 이렇게 연약한 몸이 예수님처럼 빛나고 영광스러운 몸으로 바뀌게 되어요. 더 이상 아프지도 않고 나이 들지도 않아요. 죽지도 않아요.

예수님, 천국에서 더 빛나고 아름다운 몸으로 바뀔 수 있도록 매일 더 예수님을 닮아가는 아이가 되게 해 주세요.

그분은 우리의 죽을 몸을 변화시키셔서,
그분의 영광스런 몸과 같이 바꾸어 주실
것입니다(빌 3:21 쉬운성경).

기뻐하고 또 기뻐하세요

바울이 감옥에 있을 때 빌립보 교인들에게 편지를 썼어요. 그는
교인들에게 "기뻐하고 또 기뻐하세요. 아무 것도 염려하지 말고
감사하세요"라고 했어요. 나는 좁고 어두운 데 있으면 무섭고
답답한 데, 바울은 전혀 그렇지 않았어요. 그 비결이 뭘 까요?

하나님, 제가 어디에 있든지, 무엇을 하든지 언제나 기뻐하고
감사할 수 있도록 도와주세요.

주님 안에서 항상 기뻐하십시오. 다시
말하거니와 기뻐하십시오(빌 4:4 쉬운성경).

11월 / 5일

지혜와 총명

하나님, 언제나 제가 원하는 것만 해 달라고 기도하기 보다는 하나님이 저에게 원하시는 것이 무엇인지 알고 싶어요.
저는 아직 어린 아이이기 때문에 지혜와 총명이 필요해요. 무엇이 하나님을 기쁘시게 하는지, 무엇을 하나님이 싫어하시는지, 사랑하는 가족과 친구들을 어떻게 기쁘게 할 수 있는지, 알 수 있는 지혜와 총명을 주세요.

모든 일에 하나님을 기쁘시게 하고, 영광 돌리는 삶을 살게 되길 원합니다. 또한 모든 선한 일에 열매를 맺으며, 하나님에 대해 더 많이 알아 가길 기대합니다(골 1:10 쉬운성경).

11월 / 6일

아름다운 세상

빨갛고 노란 잎사귀들, 파란 하늘, 지저귀는 새소리, 붉은 저녁노을,
초롱초롱 빛나는 예쁜 별들, 해님, 달님, 세상의 이 모든 아름다운
것들을 예수님이 만드셨어요.
이렇게 아름다운 세상을 만드신 예수님은 얼마나 더 아름다울 까요?
예수님, 저의 마음도, 저의 하루하루도 가장 예쁘고 아름답게 만들어
주세요. 사랑해요. 예수님!

이 모든 것이 그리스도에 의해 창조되었으며, 또 그리스도를 위해 창조되었습니다...
이 세상 모든 만물이 그분에 의해 유지되고 있습니다(골 1:16, 17 쉬운성경).

평화의 길

이스라엘에는 많은 전쟁이 있었어요. 그래서 2,000여 년 동안 나라가 없이 이스라엘 사람들이 방황하기도 했어요. 우리나라에서도 슬픈 전쟁이 있었고 지금도 두 나라로 갈라져서 다툴 때가 많아요. 전쟁이 나면 많은 사람들이 죽고 다치고 배고프게 되어요. 그래서 예수님은 십자가에서 보혈을 흘리셔서 서로 용서하고 화해할 수 있는 길을 열어놓으셨어요.

예수님의 보혈이 사람들 마음마다 흐르게 해주세요. 그래서 싸우지 않고 평화롭게 살 수 있도록 도와주세요.

그리스도께서 십자가에서 흘리신
보혈로 평화의 길을 열어 놓으신
것입니다(골 1:20 쉬운성경).

11월 / 8일

예수님을 알고 싶어요

저는 공부를 많이 해야 해요.
국어, 영어, 수학 등을 알아야
훌륭한 사람이 되기 때문에
열심히 공부해야 한다고 해요.
하지만 저는 무엇보다 예수님을
알고 싶어요. 예수님의 능력,
예수님의 사랑, 예수님의 마음을 배우고
싶어요. 그래서 예수님처럼 되고 싶어요.

예수님, 저는 어려서 아직 배워야 할 것이
많이 있어요. 그 중에서 예수님을 제일 잘
아는 아이가 될 수 있도록 도와주세요.

그리스도 그분 안에는 모든 지혜와 지식의
보물이 감추어져 있습니다(골 2:3 쉬운성경).

11월 / 9일

예수님을 만나고 싶어요

저는 미국에 있는 디즈니랜드에 가서 미키마우스를 만나서 놀고
싶어요. 아프리카에 가서 사자와 호랑이 그리고 하마도 보고
싶어요. 북극에 가서 백곰도 보고 에스키모들과 썰매도 타고
싶어요. 그런데 가장 하고 싶은 것은 천국에 가서 예수님을 만나서
노는 것이에요.

예수님, 이 세상 그 어떤 곳보다 천국이 더 재미있고 신나는 곳인
것을 알게 해 주세요. 천국의 아이로 하루하루 살게 해주세요.

그러므로 하늘에 있는 것에 마음을
두십시오. 그 곳에는 그리스도께서 하나님
우편에 앉아 계십니다(골 3:1 쉬운성경).

선한 말을 해야 해요.

친구들이 다투거나 놀릴 때 선하지 못한 말을 해요. "바보, 멍청이,
뚱뚱이, 똥개"라는 말로 놀리고 화를 내기도 해요.
어른들은 더 나쁜 말들을 해요.
저도 화가 날 때는 이렇게 하나님이 좋아하지 않는 말을 하기도
하고, 부모님 마음을 아프게 하는 말도 해요. 죄송해요.
하나님, 제가 아무리 화가 나도 선하지 못한 말을 하지 않도록
도와주세요. 그리고 절대로 거짓말을 하지 않는 아이가 되게 해
주세요.

여러분의 생활 가운데서 이런 것들을 몰아내려고 힘쓰십시오. 분한
생각, 화를 내는 것, 다른 사람의 마음을 아프게 하는 말이나 행동,
선하지 못한 말들도 마찬가지입니다 (골 3:8 쉬운성경).

항상 찬양해요

저는 가수들이 노래하는 것을 듣는 것도 좋아하고, 제가 직접
노래하는 것도 좋아해요. 노래를 하면 기분이 좋고 신나거든요. 그
중에서도 가장 신나는 것은 찬양을 할 때에요. 조금 슬퍼도 찬양을
하면 금방 마음이 즐거워져요. 기타와 피아노도 배워서 날마다 더
하나님을 찬양하고 싶어요.
매일 감사하는 마음으로 하나님을 찬양할게요. 그래서 하나님
마음을 기쁘시게 해드릴게요. 하나님, 감사해요. 찬양해요.

시와 찬양과 신령한 노래로써 감사한 마음을 하나님께
아뢰십시오(골 3:16 쉬운성경).

부모님께 순동해요

부모님은 저에게 하기 싫은 일을 많이 시켜요. 먹기
싫은 반찬을 먹으라고 하고, 하기 싫은 공부를
하라고 하고, 더 놀고 싶은데 그만 놀라고 하고, 일찍
자라고 하고, 맨날 씻으라고 하고, 게임도 잘 못하게
해요. 부모님은 다 나를 위해서 시키는 것이라고
하지만 저는 하기가 싫어요. 그러나 부모님께
순종하는 것을 하나님은 기뻐하세요.

하나님, 하기 싫을 때도 부모님 말씀에 순종할 수
있도록 도와주세요. 그래서 부모님도, 하나님도
기쁘게 해드리는 아이가 되게 해 주세요.

자녀들은 모든 일에 부모에게
순종하십시오. 이것은 주님을 기쁘게 해
드리는 일입니다(골 3:20 쉬운성경).

전도의 문을 열어두세요

예수님을 전하면 안 되는 나라들이 있어요. 그 나라에서 전도를
하면 감옥에 갇히거나, 나라 밖으로 쫓겨나요. 그런데도 그곳에서
열심히 전도를 하는 선교사님들이 있어요. 그분들은 아무리 어렵고
위험해도 용기 있게 예수님에 대해 한 번도 들어 본적이 없는
사람들에게 복음을 전하고 있어요.

예수님, 선교사님들의 건강을 지켜주세요. 그분들에게 전도의
문을 활짝 열어주세요. 그분들의 아이들도 잘 지낼 수 있도록
지켜주세요.

우리를 위해서도 기도해 주십시오.
전도의 문을 열어 주셔서, 하나님께서
알려 주신 그리스도의 비밀을 말할 수
있도록 기도해 주십시오(골 4:3 쉬운성경).

칭찬받고 싶어요

저보고 "착하다. 공부도 잘 하네. 똑똑하다. 노래도 잘 하네"라고
칭찬을 하면 기분도 좋고 우쭐하는 마음이 생겨요. 그래서 더
칭찬받고 싶은 마음에 공부도 열심히 하고 착한 모습을 보여주곤
해요. 하지만 칭찬을 받든, 놀림을 받든, 언제나 진실한 마음으로
하나님을 섬기는 아이가 되고 싶어요.

하나님, 제가 사람들의 칭찬에 마음 쓰기보다는 하나님의 칭찬만
듣고 싶어 하는 아이가 될 수 있도록 도와주세요.

우리는 여러분이나 혹은 다른 누군가가 칭찬해
주기를 바란 적도 없습니다(살전 2:6 쉬운성경).

많이 슬프지 않아요

사랑하는 가족이, 친구가 죽는다면 마음이 아플 거예요.
그러나 많이 슬퍼할 필요는 없어요. 하나님 아빠가 예수님을
다시 살려 주신 것처럼, 예수님을 믿다가 죽은 사람들도
분명히 예수님과 함께 살려주시기 때문이에요. 잠시
헤어져서 조금은 슬프지만 하늘나라에서 다시 만나서 즐겁게
놀 수 있어요.

하나님, 제가 잠시 마음이 아프고 슬플 때도 있지만 언제나
하나님의 사랑으로 다시 기뻐하고 즐거워 할 수 있도록
도와주세요.

그러므로 하나님께서는 예수님을 믿다가
죽은 자들도 예수님과 함께 분명히 살리실
것입니다(살전 4:14 쉬운성경).

11월 / 16일

항상 기도하고 감사해요

아침에 일어나자마자 예쁘고
즐거운 하루를 주셔서 감사기도를
해요. 밥이나 간식을 먹을 때도 감사기도를
해요. 너무나 맛있는 것을 주셨기 때문이죠. 친구들과 신나게
논 다음에도 감사기도를 해요. 안 다치고 즐겁게 친구들과 놀 수
있게 해주셨기 때문이에요. 잠자기 전에도 감사기도를 해요. 오늘
하루도 하나님 아빠가 함께 해 주셨고 저를 지켜주셨기 때문이에요.

언제나 저를 돌보아 주시고 좋은 것만 주셔서 감사해요. 제 마음이
화나고 슬퍼도 위로해 주시고 다시 기쁨을 주셔서 감사해요.
하나님, 사랑해요.

항상 즐거워하십시오. 쉬지 말고 기도하십시오. 모든 일에
감사하십시오. 이것이 그리스도 예수 안에서 여러분을
향한 하나님의 뜻입니다(살전 5:16-18 쉬운성경).

대통령을 도와주세요

대통령께서 예수님을 잘 믿게 도와주세요. 언제나
기도하는 대통령이 되어서 하나님의 지혜와 사랑으로
우리나라를 잘 이끌어 나가게 해 주세요. 저와 같은
어린 아이들이 안전하고 즐겁게 지낼 수 있도록
힘쓰는 대통령이 되게 해 주세요.
다윗 왕처럼 하나님 아빠가 좋아하는 대통령이 될 수
있도록 도와주세요.

왕과 높은 위치에 있는 모든 사람을 위해
기도함으로써 우리는 하나님을 예배하고
경외하며 조용하고 평화롭게 살 수
있습니다(딤전 2:2 쉬운성경).

11월 / 18일

모든 것을 맛있게 먹을 수 있어요

이스라엘 사람들은 맛있는 돈가스와 핫도그를 먹을
수 없대요. 돼지고기를 먹지 말라는 구약의 말씀
때문이에요. 하지만 이제는 하나님 아빠가 모든 것을
감사하는 마음으로 먹을 수 있게 하셨어요. 나는 순대,
떡볶이, 오징어 튀김 등을 신나게 먹을 수 있어요.

하나님, 맛있는 음식을 많이 만들어 주셔서 감사해요.
제가 언제나 감사하는 마음으로 맛있게 먹을게요. 저는
하나님이 제일 좋아요.

이 모든 음식은 하나님께서 진리를 알고 믿는
사람들이 감사하는 마음으로 먹게 하시려고
만드신 것입니다(딤전 4:3 쉬운성경).

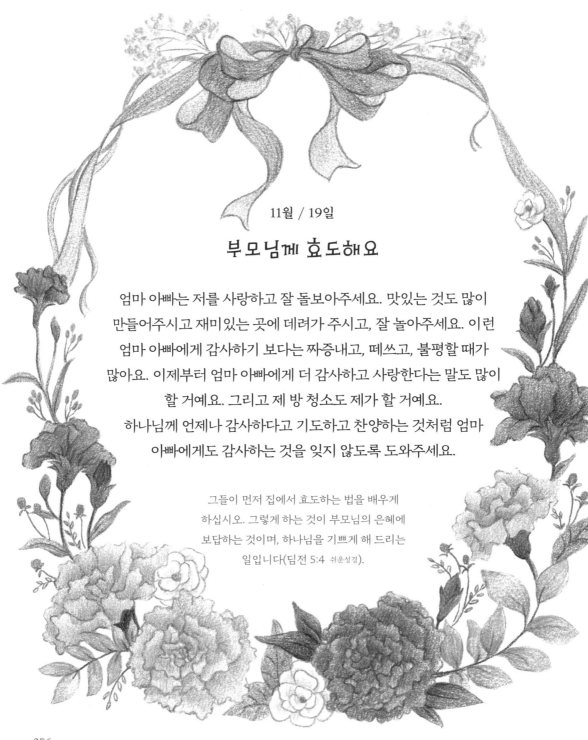

11월 / 19일

부모님께 효도해요

엄마 아빠는 저를 사랑하고 잘 돌보아주세요. 맛있는 것도 많이
만들어주시고 재미있는 곳에 데려가 주시고, 잘 놀아주세요. 이런
엄마 아빠에게 감사하기 보다는 짜증내고, 떼쓰고, 불평할 때가
많아요. 이제부터 엄마 아빠에게 더 감사하고 사랑한다는 말도 많이
할 거예요. 그리고 제 방 청소도 제가 할 거예요.
하나님께 언제나 감사하다고 기도하고 찬양하는 것처럼 엄마
아빠에게도 감사하는 것을 잊지 않도록 도와주세요.

그들이 먼저 집에서 효도하는 법을 배우게
하십시오. 그렇게 하는 것이 부모님의 은혜에
보답하는 것이며, 하나님을 기쁘게 해 드리는
일입니다(딤전 5:4 쉬운성경).

11월 / 20일

부끄러워하지 않아요

사람들이 많이 있는 식당에서 감사
기도하고 먹는 것을 부끄러워하지 않아요.
친구들에게 "교회가자. 우리 예수님 믿자"라고 말하는
것을 부끄러워하지 않아요. 예수님은 너무나 좋은 분이시기
때문이에요. 그분이 저를 사랑하고 늘 함께 하시기 때문이에요.
저는 예수님을 부끄러워하지 않아요.
제가 놀림을 받아도 예수님을 전하는 것을
부끄러워하지 않도록 도와주세요.

내가 복음을 전하는 일 때문에 고난을 받지만, 이에 대해
조금도 부끄러워하지 않습니다(딤후 1:12 쉬운성경).

떠나지 않아요

어린 아이였을 때는 예수님을 잘 믿다가 점점 커가면서 예수님을 떠나는 사람들이 많이 있어요. 예수님께서 기뻐하지 않는 세상의 즐거움과 불량식품이 좋아서 예수님을 떠나고, 놀림 받는 것이 싫어서 교회를 떠나버리는 거예요.

제가 예수님을 떠나지 않도록 도와주세요. 제가 점점 자라면서 더 예수님 가까이 갈 수 있도록 해 주세요.

아시아에 있는 모든 사람들이 나를 버렸습니다.
심지어 부겔로와 허모게네마저도 나를
떠났습니다(딤후 1:15 쉬운성경).

11월 / 22일

금그릇 은그릇

좋은 집에서는 금그릇과 은그릇을 귀하게 사용해요.
나무그릇이나 플라스틱그릇은 평범하게 사용해요. 하지만
금그릇이라고 해도 그 안에 더러운 것이 잔뜩 들어있으면 전혀
사용할 수 없어요. 중요한 것은 어떤 그릇인가가 아니라 깨끗한
그릇인가에요.

하나님, 저는 어떤 그릇이 되어도 좋아요. 다만 안과 겉이 깨끗한
그릇이 되어서 하나님께 귀하게 쓰임 받고 싶어요. 도와주세요.

만약 누구든지 악을 멀리하고 자신을 깨끗하게 하면, 주인이신 주님이
쓰기에 귀하고 거룩한 그릇이 될 것입니다. 그런 사람은 언제나 좋은 일에
쓰일 수 있는 준비된 사람입니다(딤후 2:21 쉬운성경).

11월 / 23일

하나님께서 원하시는 아이

하나님께서 원하시는 아이는 누구일까요? 잘난 체 하고 뽐내지
않는 아이에요. 부모님께 순종하고 언제나 감사하는 아이에요.
친구들을 사랑하고 나쁜 말을 하지 않는 아이에요. 무엇보다
하나님을 사랑하는 아이에요.

저는 하나님이 원하시는 아이가 되고 싶어요. 그런데 제
힘으로는 잘 안 돼요. 하나님, 도와주세요.

그 때에는 사람들이 자기 자신과 돈만 사랑하며,
뽐내고 교만하며, 다른 사람들을 헐뜯고, 부모에게
순종하지 않을 것입니다. 또한 감사하지 않고,
하나님께서 원하시는 사람이 되려고도 하지 않을
것입니다(딤후 3:2 쉬운성경).

360

얀네와 얌브레

출애굽 당시 하나님의 능력으로 모세는 열 가지 기적이 나타나게
했어요. 그 때 애굽의 마술사 얀네와 얌브레는 사탄의 능력으로
기적을 몇 가지 흉내 내면서 모세를 대적했어요. 예수님이 다시
오실 때도 예수님을 흉내 내면서 사람들을 유혹하는 사람들이
있을 거예요.
제가 사탄의 기적에 속지 않게 도와주세요. 제 손을 꼭
잡아주셔서 언제나 예수님만 따라가게 해 주세요.

그들의 행위는 오래 가지 못하고 결국 얀네와 얌브레가
그랬던 것처럼, 그들의 어리석음이 모든 사람 앞에 드러나고
말 것입니다(딤후 3:9 쉬운성경).

성경

하나님의 말씀인 성경을 잘 알면, 솔로몬과 바울처럼 아주 지혜로운 사람이 될 수 있어요. 성경을 매일 읽으면 내가 잘못한 것이 무엇인지 알려주고, 그 잘못한 것을 바로 잡아 주고, 착하고 의롭게 사는 법을 가르쳐 주어요.

예수님, 저는 이 세상 그 무엇보다 성경을 잘 알고 싶어요. 성경 읽는 것을 좋아하고 그 말씀대로 순종할 수 있도록 도와주세요.

그대는 어려서부터 성경을 알았는데, 이 성경은 그대를 지혜롭게 하여 그리스도 예수를 믿는 믿음을 통해 구원을 얻게 하였습니다(딤후 3:15 쉬운성경).

의의 면류관

바울이 예수님을 전할 때 많은 어려움이 있었어요. 배고프고, 춥고,
매를 맞고, 감옥에 갇히고, 죽을뻔하고... 하지만 그는 그 모든 고난을
이겨냈어요. 하나님께서 주신 사명대로 복음을 모든 사람들에게
전했어요. 그래서 하나님은 그에게 의의 면류관이라는 상을 주셨어요.
믿음의 경주, 복음의 경주를 끝까지 잘 달렸기 때문이에요.

하나님, 저도 상 받는 것을 좋아해요. 바울처럼 달리기를 잘 해서 꼭 상을
받을 수 있도록 도와주세요.

나는 선한 싸움을 싸웠고, 내가
달려가야 할 길도 끝냈으며, 믿음도
지켰습니다(딤후 4:7 쉬운성경).

오네시모

빌레몬의 종이었던 오네시모는 주인에게 해를 끼치고
도망을 갔어요. 그 후에 오네시모는 바울을 만나서
예수님을 믿고 신실한 사람이 되었어요. 오네시모는
감옥에 갇힌 바울 옆에서 정성껏 섬기며 큰 도움이 되는
사람으로 변화되었어요. 바울은 오네시모가 자기의
분신이라고 이야기를 했어요.

하나님, 제가 잘못을 저질러도 금방 반성하고 착한 아이로
변화되게 해 주세요. 제가 사람들에게 큰 도움이 되는
아이가 되게 도와주세요.

그가 이전에는 그대에게 아무
쓸모없는 종이었지만, 이제는 그대나
나에게 큰 도움이 되는 사람이
되었습니다(빌레몬서 11절 쉬운성경).

착한 바울

바울이 살았던 옛날에는 만약 종이
도망을 치면 주인은 그 종을 잡아서 죽일
수도 있었어요. 종들은 온전한 사람대접을 받지
못하고 주인의 소유물이었어요. 하지만 바울은 도망친 종
오네시모를 받아주고 사랑하는 형제로 대했어요. 주인인 빌레몬에게
오네시모를 위해 간곡하게 변호하고 받아달라고 부탁했어요. 만약
그가 진 빚이 있다면 그 돈도 대신 갚겠다고 했어요.

하나님, 저도 잘못한 친구들을 욕하기 보다는 친절하게 대해주고 그
친구들을 위해 대신 변호해 주는 아이가 되게 해 주세요.

그대가 나를 친구로 생각하거든 오네시모를
다시 받아 주고, 나를 맞이하듯, 그를 맞아
주기 바랍니다(빌레몬서 17절 쉬운성경)

11월 / 29일

하늘과 땅

파란 하늘을 예수님이 만드셨어요. 땅도 만드시고 예쁜
꽃들을 그 위에 두셨어요. 해님도, 달님도 만드시고
세상을 환하게 비추게 하셨어요. 강아지, 고양이, 곰돌이,
병아리같이 귀여운 동물도 만드셨어요. 붉은 저녁놀과
밤하늘에 반짝이는 별들도 만드셨어요. 그 모든 것을
만드신 예수님은 가장 아름다워요.
이 세상을 너무나도 아름답고 예쁘게 만드신 예수님, 저도
그 무엇보다 더 예쁘고 착한 아이가 되도록 해 주세요.

주님, 이 세상이 처음 시작될 때에
주님께서 땅을 지으시고 주님의
손으로 하늘을 빚으셨습니다
(히 1:10 쉬운성경).

돕는 천사

사람의 힘으로 할 수 없는 것들을 도울 수 있도록 하나님은 소나 말을 보내주셨어요. 그래서 아주 넓은 밭을 갈기도 하고, 무거운 물건을 옮기기도 하고, 사람을 태우고 멀리 가기도 해요. 하나님은 또 천사도 보내주셔서 믿는 사람들을 돕게 해 주셨어요.

하나님, 저는 아직 어리고 힘도 약해요. 하지만 천사들을 보내 주셔서 저를 돕고 지키게 해 주셔서 감사해요.

모든 천사들은 하나님을 섬기는 영이며,
구원 받을 사람들을 돕기 위해 보내진
자들입니다(히 1:14 쉬운성경).

12

December

너는 세상 그 무엇보다
사랑스럽단다

내 마음을 아시는 예수님

예수님은 아기로 이 세상에서 태어나셨어요. 나와 같은 어린
아이의 시기도 보내셨어요. 부모님께 말하지 않고 성전에 남아
있어서 혼이 나기도 하셨어요. 배도 많이 고프셨어요. 마귀의
시험을 당하셨어요. 아무도 예수님은 잘 이해해 주지 않았어요.
사람들 때문에 많이 우셨어요. 조롱당하고 매를 맞고 못과
창에 찔리셨어요. 그래서 예수님은 내가 가지고 있는 고민이나
아픔을 잘 이해해 주시고 위로해 주세요.

제가 속상하고 슬플 때 예수님이 제 마음을
잘 이해해 주셔서 감사해요. 저의 아픔을
똑같이 겪으셨던 예수님이 제 곁에
있어서 큰 위로가 되어요.

주님은 시험받는 자들도 도와주실
수 있습니다. 왜냐하면 예수님께서
직접 고난당하고 시험을 받으셨기
때문입니다(히 2:18 쉬운성경).

12월 / 2일

세상 모든 것의 주인

제가 좋아하는 치킨, 피자, 햄버거의 주인은 하나님이세요. 저의 장남감의 주인도 하나님이세요. 파란 하늘, 초록색 바다, 높은 산, 예쁜 금붕어와 새, 귀여운 강아지와 고양이, 달콤한 수박과 딸기, 이 모든 것의 주인은 하나님이세요. 그리고 저의 주인도 하나님이세요.

제가 가진 모든 것을 부모님이 주셨듯이 하나님께서 이 세상 모든 것을 우리에게 주셨어요. 제 것은 없는데도 욕심내고 제 마음대로 하려고 하지 않도록 도와주세요.

어느 집이든 그 집의 주인이 있듯이 모든 것의
주인은 하나님이십니다(히 3:4 쉬운성경).

12월 / 3일

살아 있는 말씀

성경은 아주 오래 전에 기록이 되었어요. 하지만 제가
성경을 읽을 때는 예수님이 바로 옆에서 이야기 하는
것처럼 생생하게 들려요. 하나님의 말씀은 내 마음
깊숙이 숨겨져 있는 것들을 다 알고, 좋지 않은
것은 드러나게 해요. 그래서 어떤 때는 성경을
읽을 때 제 마음이 찔려서 아파요.

하나님, 말씀을 읽을 때 마음이 아플 때도
있지만 그래야 병원에 갔을 때처럼 제 마음이
맑고 아름답게 치유되는 거죠. 제가 잘 참고
건강한 마음을 가지게 도와주세요.

하나님의 말씀은 살아 있고 힘이 있습니다.
양쪽에 날이 선 칼보다도 더 날카로워서
우리의 혼과 영과 관절과 골수를
쪼개며, 마음속에 있는 생각과 감정까지
알아냅니다(히 4:12 쉬운성경).

눈물로 기도하시는 예수님

예수님께서 이 세상에 계실 때 사람들을 위해 많은
눈물을 흘리며 큰 소리로 기도하셨어요. 지금도
하늘나라 하나님의 보좌 옆에서 저를 위해 기도하고
계셔요. 저도 예수님처럼 엄마 아빠와 친구들을
위해 열심히 기도할 거예요.

저를 위해 예수님이 항상 기도해 주셔서
감사해요. 예수님께서 기도해 주셔서 제가
이렇게 즐겁고 신날 수 있어요. 예수님, 정말
감사해요.

예수님께서 사람으로 계실 때, 하나님께
기도하고 도움을 구하셨습니다. 그분은
자기를 죽음에서 구해 주실 수 있는
분에게 큰 소리로 부르짖으며 눈물로
기도하셨습니다(히 5:7 쉬운성경).

373

완전한 대제사장

옛날에 대제사장은 사람들의 죄를 위해 소와
양을 잡아 죽이고 그 피를 들고 지성소에 들어가 대신
속죄했어요. 사람들의 죄 때문에 수많은 소와 양이 죽어서
피를 흘린 것이에요. 하지만 예수님은 자신의 몸을 우리 죄를
위해 제물로 바치시고 피를 흘리셨어요. 그래서 더 이상 소와 양이
죽을 필요가 없어요. 예수님이 완전한 대제사장이 되어서 우리를
구원해 주셨기 때문이에요.

예수님, 저를 위해 피 흘려주셔서 감사해요.
제가 잘못했다고 기도하면 언제나 용서해 주셔서 감사해요.

그래서 예수님은 우리의 완전한 대제사장이 되시고,
그에게 순종하는 모든 자에게 영원한 구원을
주셨습니다(히 5:9 쉬운성경).

좋은 땅과 열매

좋은 땅은 길과 같이 딱딱하지 않고 안에 돌멩이가 없어요.
그 땅에 씨앗이 심겨지면 많은 비를 흡수하고 따스한 햇살을
잘 받아서, 싹이 나고 예쁜 꽃을 피우며 좋은 열매를 맺어요.
저도 말씀의 씨앗을 마음에 품고 하나님의 사랑의 햇빛과
은혜의 비를 많이 받아서 좋은 열매를 맺을 거예요.

좋은 농부가 되시는 하나님, 제 마음의 돌멩이들을 뽑아 주시고
부드럽게 해 주세요. 제 마음이 좋은 땅이 되어서 좋은 열매를
많이 맺게 해 주세요.

어떤 사람들은 많은 비를 흡수하는 땅과
같습니다. 그런 땅은 좋은 열매를 맺어
하나님께 복을 받습니다(히 6:7 쉬운성경).

아브라함의 복

하나님은 아브라함의 믿음을 보시고 반드시 복을 주시겠다고
약속하셨어요. 그래서 아브라함에게 이삭을 주셨어요. 사람들을
위해 기도하는 사람이 되게 해 주셨어요. 롯에게 양보하는 마음을
주셨어요. 믿음의 조상이 되게 해 주셨어요. 무엇보다 예수님이
아브라함의 자손으로 태어나게 해 주셨어요.

하나님, 저도 많은 복을 받고 싶어요.
맛있는 것을 많이 주세요.
매일 신나게 놀게 해 주세요.
이 세상에서 가장 믿음이 좋은
아이가 되게 해 주세요.

내가 반드시 너에게 복을 주고, 네 자손을
번성하게 하겠다(히 6:14 쉬운성경).

심판

사람들은 죽는 것을 싫어하고 무서워해요.
그런데 죽음 자체를 무서워하는 것이 아니고 죽은 다음에 있는
심판을 두려워하는 것이에요. 미워하고 욕하고 잘못을 많이
한 사람일수록 심판받는 것이 너무 무서운 것이에요. 하지만
예수님을 믿는 사람들은 심판을 받지 않아요. 이미 모든 죄가
다 용서받았기 때문이에요.

하나님, 저의 잘못을 다 용서해 주시고 혼내지 않으셔서
감사해요. 제가 더 깨끗한 마음을 가지고 바른 행동을 할 수
있도록 도와주세요.

사람들은 모두 한 번은 죽습니다. 죽은 후에는 심판이
우리를 기다립니다(히 9:27 쉬운성경).

누구든지 내 말을 듣고 나를 보내신 분을 믿는 사람은
영원한 생명을 얻었고, 심판을 받지 않을 것이며,
사망에서 생명으로 옮겨졌다(요 5:24 쉬운성경).

12월 / 9일

하나님이 기뻐하시는 것

하나님은 맛있는 것을 많이 드린다고 해서 기뻐하지 않으세요. 헌금을 많이
드려도 그것으로 기뻐하지 않으세요. 하나님은 믿음을 가장 기뻐하세요.
그래서 하나님께서 살아 계시다는 것과 그분께 기도하면 상을 주신다는 것을
믿어야 해요. 저는 하나님이 항상 함께 하신다는 것을 믿어요. 저를 많이
사랑하신다는 것을 믿어요. 저의 하늘 아빠라는 것을 믿어요. 하나님, 사랑해요.

믿음이 없이는 어느 누구도 하나님을 기쁘시게 할 수 없습니다.
하나님께 나아오는 자는 그가 계시다는 것과 그를 찾는 자들에게
상주시는 분이라는 것을 진정으로 믿어야 합니다(히 11:6 쉬운성경).

12월 / 10일

모세의 선택

모세는 당시 가장 크고 부유한 나라인 이집트에서 공주의 아들로 자랐어요.
그는 맛있는 것만 먹고 매일 신나게 놀 수 있었어요. 하지만 모세는 그것들을
거절하고 힘들어 하는 이스라엘 백성들과 함께 고난 받는 것을 선택했어요.
이집트의 온갖 보물보다 예수님을 위한 고난을 선택한 것이에요.
하나님, 저는 매일 재미있게 놀고 싶어요. 하지만 힘들어 하는 친구들을 위해,
예수님을 위해 고난도 선택할 줄 아는 아이가 되게 해 주세요.

그는 잠시 동안 죄의 즐거움을 누리기보다는, 하나님의 백성들과
함께 고난받는 것을 택하였습니다(히 11:25 쉬운성경).

벌을 주시는 하나님

내가 잘못을 하면 부모님이 무섭게 혼을 낼 때가 있어요. 그러면 너무 슬프고,
무섭고, 화나고, 억울할 때도 있어요. 하지만 내가 못되고 악한 아이가 아니라,
착하고 좋은 아이가 되라고 혼내시는 것이에요. 나에게 아무런 관심이 없다면
내가 착하든 악하든 아무 말도 하지 않을 거예요.

하나님도 제가 잘못을 하면 벌을 주시고 아프게 하실 때가 있다는 것을 알아요.
조금 슬프겠지만 하나님이 저를 사랑하시기 때문이라는 것을 잊지 않도록
도와주세요.

주님께서는 사랑하는 자에게 벌을
주시고, 그의 아들로 받아들인 자들을
채찍질하신다(히 12:6 쉬운성경).

12월 / 12일

변하지 않는 예수님

서로 사랑하던 남자와 여자가 어느 날 마음이 변해 헤어지기도 해요.
재미있게 놀면서 잘 지내던 친구끼리 싸우고 다시는 같이 안 놀기도 해요.
아이스크림, 초콜릿, 장난감, 인형을 좋아하는 내가 어른이 되면 더 이상
이것들을 좋아하지 않게 된다고 해요. 하지만 예수님은 언제나 똑같아요.
예수님의 사랑은 절대로 변하지 않아요.

저도 변하고 모든 것이 변해도 예수님은 언제나 저를 사랑해 주시고 제 곁에
계셔서 감사해요. 저도 언제나 예수님을 사랑할게요.

예수 그리스도는 어제나 오늘이나 영원히
똑같으십니다(히 13:8 쉬운성경).

12월 / 13일

지혜를 주세요

솔로몬은 하나님께 맛있는 것을 많이 사먹을 수 있는 돈이나
건강을 구하지 않고 백성들을 잘 다스릴 수 있는 지혜를 구했어요.
하나님이 무척 좋아하셔서 그에게 모든 것을 주셨어요. 하나님은
솔로몬처럼 지혜를 구하는 사람들에게 주시겠다고 약속하셨어요.

하나님을 잘 아는 지혜를 주세요.
사람들을 잘 사랑하는 지혜를 주세요.
성경을 잘 아는 지혜를 주세요.
착하고 겸손한 지혜를 주세요.

지혜가 부족한 사람이 있으면 하나님께 구하십시오.
하나님께서는 자비로우셔서 모든 사람에게 나눠 주시는
것을 즐거워하십니다. 따라서 여러분이 필요로 하는
지혜를 주실 것입니다(약 1:5 쉬운성경).

친구를 차별하지 않아요

나보다 공부도 더 잘하고 똑똑한 친구를 사귀라는 말을 들을 때가
있어요. 그러면 그 친구는 자기보다 덜 똑똑한 친구와 사귀게 되는
것 아닌 가요? 멋지고 예쁘게 생기고, 옷도 잘 입고, 머리도 좋고,
부잣집 아이들만 사귀는 것이 아니라, 그렇지 않은 모든 아이와도
좋은 친구가 되고 싶어요.

하나님, 제가 어렵고 힘든 아이들의 좋은 친구가
될 수 있도록 도와주세요.

사람을 차별하여 대한다면 죄를 짓는
것이며, 이 율법에 따라 여러분은 하나님의
법을 어긴 것이 됩니다(약 2:9 쉬운성경).

하나님의 친구

아브라함은 하나님의 명령에 순종하여 편하고 부유하게 살 수 있는
고향 땅을 떠나 가나안에 왔어요. 그는 가는 곳마다 제단을 쌓고
하나님께 예배드리고 기도했어요. 조카 롯과도 싸우지 않고 모든 것을
양보했어요. 사랑하는 아들, 이삭을 바치라는 하나님의 말씀을 믿음으로
순종했어요. 그는 믿음과 행함이 함께 있었기 때문에 '하나님의
친구'라는 자랑스러운 별명을 얻었어요.

하나님, 저도 아브라함처럼 언제나 순종과 행함이 따르는 믿음을 가져서
하나님의 친구가 되게 해 주세요.

아브라함은 그후, '하나님의 친구'라고
불렸습니다(약 2:23 쉬운성경).

누가 도망가나요?

골리앗은 거인이고 엄청나게 큰 칼과 창을 가지고 있어서 모든 이스라엘 군인들이 도망을 갔어요. 하지만 소년 다윗은 무서워하지 않고 그에게 달려가서 돌멩이로 그를 쓰러뜨렸어요. 길거리에서 무서운 개를 만났을 때 무서워서 뒷걸음치거나 도망가면 그 개가 공격을 해 온다고 해요. 하지만 두 눈을 마주보고 개에게 한 발자국 다가가며 큰 소리를 지르면 개가 도망간대요. 마귀도 마찬가지에요. 두려워하지 말고 예수님의 이름을 크게 부르며 대적하면 도망을 가요.

제가 하나님의 전신갑주를 입고 예수님의 이름을 크게 부르며 마귀를 대적하는 위대한 용사가 되게 해 주세요.

그러므로 여러분 자신을 하나님께 드리십시오.
마귀를 대적하십시오.
그러면 마귀는 도망칠 것입니다(약 4:7 쉬운성경).

하나님께서 원하시면

나는 커서 멋진 노래를 부르는 가수가 되고 싶어요. 다윗 왕처럼 좋은 대통령이 되고 싶어요. 용감한 소방관이 되고 싶어요. 먼 나라에 가서 복음을 전하는 선교사가 되고 싶어요. 아이들을 잘 가르치고 사랑하는 선생님이 되고 싶어요. 하지만 나의 힘으로만 꿈을 이룰 수가 없어요. 하나님이 저의 꿈을 이루어주기를 원하실 때만 가능해요.

하나님이 원하는 사람이 되고 싶어요. 하나님의 도움 없이 제가 할 수 있는 일은 없다는 것을 잘 알고 있어요. 도와주세요. 하나님!

여러분은 "주님께서 원하시면 우리가 살 것이며, 이런저런 일을 할 것이다"라고 말해야 합니다(약 4:15 쉬운성경).

12월 / 18일

병든 사람들을 고쳐주네요

사고를 당해서 아픈 사람들이 있어요. 전염병으로 아파하는
사람들도 있어요. 태어날 때부터 보지도 듣지도 못하고, 몸이
불편한 사람들도 있어요. 잘 먹지 못해서 병에 걸린 친구들도
있어요. 의사 선생님들이 고칠 수 없는 병도 많이 있어요. 사람을
만드신 하나님만이 병든 사람들을 완전히 고쳐주실 수 있어요.

병에 걸려서 아파하는 모든 사람들을 치료해 주세요. 우리를
고쳐주기 위해서 채찍에 맞으시고 피 흘리신 예수님, 저희 죄를
용서해 주시고 건강하게 해 주세요.

서로 죄를 고백하며, 병 낫기를 위해 서로
기도해 주십시오. 의로운 사람이 기도할 때,
큰 역사가 일어납니다(약 5:16 쉬운성경).

비를 내려 주네요

아프리카의 여러 나라에서는 몇 년째 비가 오지 않아서 땅이
메말라 버렸어요. 그래서 아무런 곡식도 자랄 수가 없기 때문에
많은 사람들이 먹을 것이 없어요.
엘리야의 기도를 들으시고 비를 내려 주신 하나님!
그 곳에 비를 내려주세요. 땅에서 맛있는 곡식들이 다시
자라게 해 주세요. 메마른 사람들의 마음에도 은혜의 단비를
내려주셔서 사랑의 열매를 맺게 해 주세요.

엘리야도 우리와 같은 사람이었습니다. 그가 비가 오지
않기를 간구했더니, 삼 년 반 동안, 그 땅에 비가 오지
않았습니다. 그 후, 다시 기도하자 하늘에서 비가 쏟아졌고,
땅에서 다시 곡식이 자랐습니다(약 5:17-18 쉬운성경).

12월 / 20일

안 보여도 사랑해요

베드로는 3년 동안 매일 예수님을 보고 곁에 있으면서 그분을
사랑했어요. 한 번은 예수님을 부인했지만 그 후로는 절대
그러지 않았고 죽기까지 예수님을 사랑했어요. 하지만
베드로처럼 예수님을 보지 못해도 많은 그리스도인들이 그분을
믿고 사랑해요. 저도 그 중에 한 명이에요.

예수님을 보지 못해도 믿고 사랑할 수 있게 해
주셔서 감사해요. 지금은 볼 수 없지만 천국에
가서 매일 예수님을 보고 같이 놀 수 있기를
기다릴게요.

여러분이 예수 그리스도를 본 일은 없지만 예수 그리스도께
사랑을 고백합니다. 지금 이 순간, 그분의 모습을 보지
못하면서도 그분을 믿고 있고, 여러분의 마음은 설명할 수
없는 기쁨으로 가득 차 있습니다(벧전 1:8 쉬운성경).

390

12월 / 21일

어떤 기도를 들어주실까요

옛날부터 사람들은 신에게 제물을 많이 드리고 비를 내려주어서 농사가 잘 되게
해 달라고 기도를 했어요. 심지어 사람을 죽여서 제물로 드리고 복을 내려 달라고
기도했어요. 그러나 하나님은 아무리 제물을 많이 드리고 헌금을 해도 악한 일을
하는 사람의 기도는 듣지 않으세요.
하나님, 제가 욕심으로 기도하지 않게 해 주세요. 착하고 깨끗한 마음으로
하나님께서 들으시는 기도를 할 수 있도록 도와주세요.

주님은 선한 사람을 찾으시고 그들의 기도에 귀를 기울이시지만,
악한 일을 하는 자는 멀리하십니다(벧전 3:12 쉬운성경).

12월 / 22일

두 마리의 사자

내 안에는 착한 사자와 사납고 못된 사자가 살고 있어요. 그 두 사자는 무섭게
싸우고 있어요. 두 사자 중에 결국 누가 이기게 될까요? 그것은 내가 어떤
사자에게 계속 먹이를 주느냐에 달려 있어요. 내가 기도와 성경의 먹이를 주면
착한 사자가 이겨요. 그러나 거짓말과 짜증과 욕심의 먹이를 주면 못된 사자가
이겨요.
하나님, 무섭고 나쁜 사자에게 잡혀 먹고 싶지 않아요. 내 안에 착한 사자가 이길
수 있도록 더 기도하고 성경을 읽을게요. 도와주세요.

마음을 강하게 하고 늘 주의하십시오. 원수 마귀가 배고파 으르렁거리는
사자처럼 먹이를 찾아 돌아다니고 있습니다(벧전 5:8 쉬운성경).

모든 것이 불에 타버려요

노아 때 사람들이 나쁜 짓을 많이 해서 하나님은 홍수로 심판하셨어요.
하지만 물속에서 사는 생물들은 모두 살 수가 있었어요. 사람들이 또
예수님을 믿지 않고 악한 행동을 해서 하나님은 불로 세상을 심판하실
거예요. 하늘, 땅, 강, 바다, 학교, 유치원, 놀이동산, 아이스크림 가게...
모든 것이 불에 타버려요. 그러나 예수님을 믿는 사람들은 하나님이
천국으로 안전하게 인도해 주세요.
저는 공부하는 것도 좋고, 놀이동산 가는 것도 좋아요. 맛있는 식당에 가는
것도 좋아요. 하지만 이 모든 것이 다 사라진다는 것을 잊지 않고 하나님의
나라에 갈 준비를 언제나 할 수 있도록 도와주세요.

주님의 날은 도적같이 갑자기 올 것입니다. 하늘이 큰
소리를 내며 사라지고, 하늘에 있는 모든 것들이 불에
의해 녹을 것입니다. 또한 땅과 땅에 있는 모든 것들도
불타 버릴 것입니다(벧후 3:10 쉬운성경).

12월 / 24일

기쁘고 감사한 밤

크리스마스이브가 되면 기쁘고 신나요. 선물을 받을 수 있기 때문이에요.
예수님을 믿지 않는 사람들도 오늘 밤에는 서로 선물을 주고 받으며 신나게
놀아요. 많은 아이들이 예수님께는 별로 관심이 없고 산타 할아버지만
기다리기도 해요. 하지만 사람들을 살리고 고쳐주시기 위해 아기로 태어나신
예수님께 그 어떤 날보다 더 많은 감사와 찬양을 해야 해요.
예수님, 이 세상에 오셔서 감사해요. 저에게 사랑을 주셔서 감사해요.
오늘 밤에 제가 감사와 찬양의 선물을 예수님께 많이 드릴 게요.

그들은 아기에게 무릎을 꿇어 경배를 드리고 보물
함을 열어 아기에게 황금과 유향과 몰약을 예물로
드렸습니다(마 2:11 쉬운성경).

12월 / 25일

빛과 어두움

온 세상이 깜깜한 어두움으로 가득 차 있으면 아무것도 보이지 않아요. 어디로 가야할지 길이 보이지 않아요. 예쁜 꽃과 나비와 강아지를 볼 수가 없어요. 바로 옆에 사람이 있어도 알 수 없어요. 내 손가락도 보이지 않아요. 무섭고 답답해져요. 친구를 미워하면 이런 어두움 속에서 사는 것이에요.

하나님, 제가 친구들을 사랑해서 어두움에 빠지지 않게 해 주세요. 언제나 밝고 환한 사랑의 빛을 저에게 비추어 주세요.

" 나는 빛 가운데 있습니다"라고 말하면서 자기의 형제를 미워하면, 그는 여전히 어두움 가운데 사는 사람입니다(요일 2:9 쉬운성경).

12월 / 26일

에녹의 전도

하나님을 무시하고 나쁜 말을 하는 사람들은 마음대로 먹고
마시면서 다른 이들을 사랑하지 않고 관심도 없어요. 언제나
불평만 하고 욕심꾸러기이며 잘난 체만 해요. 에녹은 이런
사람들에게 "주님이 오셔서 죄를 지은 사람들을 심판하십니다.
회개하세요"라고 전도를 했어요. 하지만 아무도 듣지 않고 계속
죄를 짓자 하나님은 노아 홍수로 심판하셨어요. 똑같은 일이 곧
일어나요. 이번에는 불로 마지막 심판을 하실 거예요.

하나님, 저도 에녹처럼 친구들에게 열심히 예수님의 이야기를
전하게 도와주세요. 혹시 듣지 않아도 계속 전도하는 아이가 될
수 있게 해 주세요.

아담의 칠 대 후손인 에녹은 이러한 사람들에 대해 다음과
같이 예언하였습니다. "주님께서 수많은 거룩한 천사들을
거느리고 곧 오실 것이다"(유 1:14 쉬운성경).

395

사도 요한의 계시록

예수님의 12제자 중 유일하게 순교하지 않고 90세가 넘도록 살았던 사도 요한은
복음을 전한다는 이유로 밧모 섬에 유배를 갔어요. 거기서 늘 기도하던 나이 많은
요한에게 예수님은 천사를 보내셔서 이 세상의 마지막 때에 어떤 일이 일어날
것인가를 보여주셨어요. 요한은 자기가 보고 들은 것을 '요한계시록'에 기록해서
사람들에게 경고를 하고 미리 준비하도록 한 것이에요.
예수님께서 다시 이 세상에 오셔서 저를 하늘나라로 데려다주신다고 해서
얼마나 좋은지 모르겠어요. 예수님, 빨리 오세요.

하나님께서는 반드시 속히 될 일들을 자기
종들에게 보이시려고, 예수 그리스도께 이
계시를 주셨습니다. 그래서 그리스도는
요한에게 천사를 보내어 이 일을 알게
하셨습니다(계 1:1 쉬운성경).

승리하는 자에게 주는 상

예수님을 잘 믿으려면 많은 어려움과
시험과 핍박이 와요. 하지만 끝까지 이 모든
것을 이겨낸 사람에게는 하나님께서 여러 가지 상을
주세요. 생명나무의 열매를 먹게 해 주시고(계 2:7), 만나와
흰 돌을 주세요(계2:17). 그 흰 돌에는 새로운 이름이 새겨져 있어요.
그리고 예수님의 보좌 곁에 앉게 해 주세요.
제가 어떠한 유혹과 어려움이 있어도 예수님을 끝까지 따르고
승리하는 아이가 되게 해 주세요. 그래서 예수님께서 주시는 상을 다
받게 도와주세요.

내가 승리한 후, 내 아버지의 보좌 곁에 앉은
것처럼, 승리하는 자는 내 보좌 곁에 앉게 될
것이다(계 3:21 쉬운성경).

기도의 향

내가 기도를 하면 그것이 향이 되어요. 천사들은 그 향을 금대접에
모아서 예수님께 드려요. 향은 좋은 냄새가 나요. 그리고 금대접에
담는 이유는 나의 기도를 아주 귀하게 여기시기 때문이에요.
저의 기도를 금처럼 소중하게 여겨주셔서 감사해요. 기도의 향을
늘 올려드려서 주님을 기쁘시게 해 드릴게요.
사랑해요. 예수님.

그러자 네 생물과 이십사 명의 장로들이
어린양 앞에 엎드렸습니다.
장로들의 손에는 거문고와 향이 가득한
금대접이 들려 있었습니다.
이 향은 하나님의 백성들이 드린
기도들입니다(계 5:8 쉬운성경).

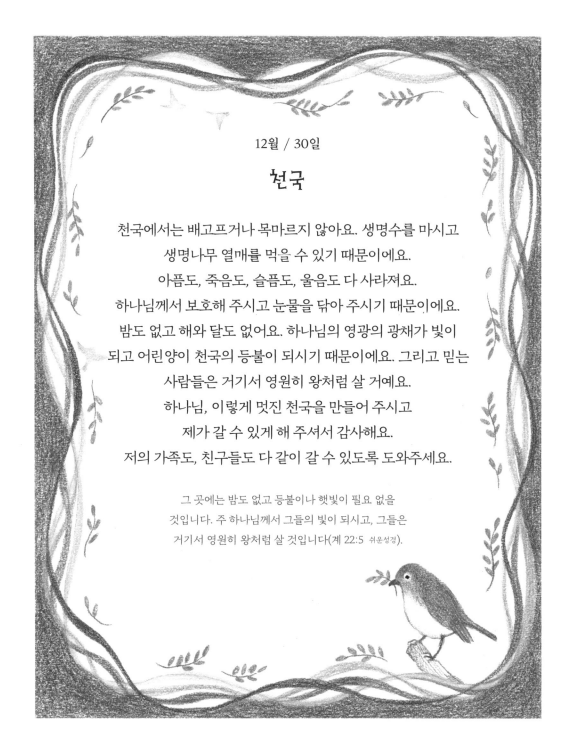

12월 / 30일

천국

천국에서는 배고프거나 목마르지 않아요. 생명수를 마시고
생명나무 열매를 먹을 수 있기 때문이에요.
아픔도, 죽음도, 슬픔도, 울음도 다 사라져요.
하나님께서 보호해 주시고 눈물을 닦아 주시기 때문이에요.
밤도 없고 해와 달도 없어요. 하나님의 영광의 광채가 빛이
되고 어린양이 천국의 등불이 되시기 때문이에요. 그리고 믿는
사람들은 거기서 영원히 왕처럼 살 거예요.
하나님, 이렇게 멋진 천국을 만들어 주시고
제가 갈 수 있게 해 주셔서 감사해요.
저의 가족도, 친구들도 다 같이 갈 수 있도록 도와주세요.

그 곳에는 밤도 없고 등불이나 햇빛이 필요 없을
것입니다. 주 하나님께서 그들의 빛이 되시고, 그들은
거기서 영원히 왕처럼 살 것입니다(계 22:5 쉬운성경).

12월 / 31일

감사

지난 일 년 동안 저를 지켜주시고 늘 함께
해 주셔서 감사해요.
저에게 맛있는 것을 많이 주시고 재미있는 곳에도
가게 해 주셔서 감사해요.
좋은 가족과 친구들을 주셔서 감사해요.
저의 기도를 들어주셔서 감사하고
안 들어 주신 것도 감사해요.
하나님 아빠의 선한 뜻이 있다고 믿어요.

제가 잘못 말하고 행동한 것이 많이 있어요.
다 용서해 주시고 맑고 깨끗한 마음으로 새해를 맞이할 수 있도록 도와주세요.
제가 친구들에게 전도하고 착한 일 한 것을 기억해 주시고 상을 주세요.
그리고 예수님, 약속하신 대로 어서 오세요. 저는 예수님하고 놀고 싶어요.

보아라! 내가 속히 가겠다! 내가 상을
가지고 가서, 너희가 행한 대로 갚아 주며
상을 베풀 것이다(계 22:12 쉬운성경).

401

이 책을
만 든
사 람 들

김현태 · 글

장로회 신학대학교와 신학대학원을 졸업하고 미국 Jesuit School of Theology at Berkeley(Th. M.)와 Faith Theological Seminary(Ph. D.)에서 영성신학을 전공하였다. 여러 신학교에서 영성적 성경해석을 강의하고 있다. 아이들과 신학생들의 교육과 영성에 많은 관심을 가지고 있어서 아시아의 여러 나라에 학교와 도서관을 세우고 후원하고 있다.

- 파로스 국제 신학교 학장
- 생명의 강 선교회 대표
- 도서출판 따스한 이야기 대표

저서: 주님께 나아가는 다양한 기도훈련

이수희 · 그림

홍익대학교 미술대학을 졸업하고 그림책을 포함한 다양한 일러스트 작업을 하고 있다. 주로 어린이와 자연을 소재로 그림 그리기를 좋아하며 현재 네이버 그라폴리오에서 연재 작가로 활동 중이다. 이 시대에 우리가 잃어버린 것들에 대한 향수를 담아 함께 공감할 수 있는 그림을 그리기 위해 노력하고 있다.

〈선생님, 선생님〉 〈붉은 실〉
〈빨간 머리 앤 모빌 아트 북〉 에 그림을 그렸다.

김은기 · 구성(기획)

홍익대학교 미술대학에서 회화를 전공하고 마음이 따뜻해지는 한 편의 동화와 같은 작품을 꾸준히 선보이고 있다. 대표작으로는 〈스노우맨 커플〉, 〈행복한 정원〉, 〈수태고지〉 등이 있다. KBS 'TV 동화 행복한 세상' 애니메이션 제작에도 참여 하였으며, 그림책과 문화 예술 서적 기획 일을 하고 있다. 기획한 책으로는 〈너를 위한 달콤한 손그림〉, 〈오늘은 행복한 요리사〉, 〈동시 속 숨은 그림 찾기〉 등이 있고 지은 책으로는 〈꽃보다 말씀 컬러링북〉, 〈행복한 우리 집 컬러링북〉, 〈여자 새벽1시〉, 〈오픈 샌드위치〉, 〈종이아빠〉 등이 있다.

초판 5쇄	2022년 1월 10일
지은이	김현태
펴낸이	김현태
그림	이수희
기획	김은기
디자인	디자인 창 (디자이너 장창호)
펴낸곳	따스한 이야기
등록	No. 305-2011-000035
전화	070-8699-8765
팩스	02- 6020-8765
이메일	jhyuntae512@hanmail.net

따스한 이야기 페이스북

https://www.facebook.com/touchingstorypublisher

따스한 이야기는 출판을 원하는 분들의 좋은 원고를
기다리고 있습니다.

가격 18,000원

바람과 별이 들려주는 그림책1
몽당이와 채송이 그리고 통 아저씨

이상묵 글, 임승현 그림

시인인 이상묵 작가의 이야기와 한국화로 유명한 임승현 작가의 그림으로 이루어진 그림책이다. 글을 읽고 그림을 보면서 작가들이 전하려는 메시지에 가슴이 따뜻해지고 미소가 띄게 된다. 이 세상에서 가장 더럽고 냄새나는 쓰레기장에 버려진 세 주인공의 이야기와 그림은 쓰레기장이 아름답게 보이게 한다. 이 그림책을 읽는 아이들도 자신과 세상을 아름답고 따뜻하게 보게 될 것이다.

바람과 별이 들려주는 그림책2
사라질 거야

안세정 글, 조현상 그림

글 작가 안세정은 오랜 시간 그림책을 연구하고 공동 작업으로 그림책을 출판해 왔다. "사라질 거야"는 작가가 세 아이를 키우면서 아이들이 하는 불평을 듣고 쓴 그림책이다. 아이들뿐만이 아니라 어른도 힘들고 지치면 도망가고 싶다. 하지만 삶은 회피하고 도망가기에는 우리에게 좋은 것들을 더 많이 주고 있다. 이러한 메시지를 미국에서 카툰과 일러스트를 공부하고 온 조현상 작가의 그림으로 재미있게 전달하고 있다.

따스한 이야기 아기 그림책 1
동시 속 숨은 그림 찾기

김은경 글. 임새봄 그림

시인 김은경이 아기들의 눈높이에 맞추어, 여러 의성어, 의태어와 함께 귀엽고 예쁜 동시를 썼다. 특히 아침, 점심, 저녁과 봄, 여름, 가을, 겨울을 소재로 아기들이 보내는 일상과 사계절의 아름다움을 동시로 표현했다. 그 동시의 내용으로 색연필 일러스트레이터 임새봄이 아기자기한 리스를 그려서 눈으로 읽을 수 있는 그림동시 책을 만들었다. 더욱이 재미있게 동시를 읽을 수 있도록 리스 속에 숨은 그림을 찾기를 해 놓았다. 동시를 읽고, 귀여운 동물들과 꽃들이 어울려 있는 리스를 보며, 재미있는 문구와 함께 숨은 그림을 찾으면 우리 아기들의 감성을 한층 더 올릴 수 있을 것이다.

꽃보다 말씀

김은기 지음

화사하면서도 따뜻한 동화적인 그림으로 유명한 김은기 작가의 그림들과 함께 성경 말씀을 컬러링 할 수 있는 책이다. 역사상 세계에서 가장 많이 팔린 책, 성경의 말씀을 묵상하고 컬러링하면서 마음뿐만 아니라 영혼의 깊은 변화와 성숙 그리고 치유를 경험하게 되며 될 것이다. 이미 성경을 필사해온 많은 기독교인들뿐만 아니라 수많은 사람들에게 화사한 기쁨과 맑은 영성을 가질 수 있게 해 줄 것이다.